가지산加持山 이야기

KB208568

가지산 加持山 이야기

천명일 지음

여래 삼밀을 찾아서

지혜의나무

서문

　필자 천명일은 독자 여러분께 우선 큰절부터 올리겠습니다. 왜냐 하면 이 지구촌에서 가장 어려운 책을 사랑해 주신 데 대한 감사의 절입니다.

　지금 여기 이 가지산 이야기책은 불교의 사원에 깊이 감추어진 지묘한 비밀을 밝히고 있습니다. 그리고 그 누구도 관심이 없는 우리들이 항상 쓰고 있는 마음이란 것이 과연 어떻게 해서 생기게 되었는가를 상세히 설명하고 있습니다.

　지금 이 가지산 이야기책의 내용은 모두가 부처님의 가피력 안에서 나온 말씀들입니다.

　그러므로 이 글을 독자 여러분들께서 무리 없이 신뢰를 하시자면 여래如來의 여섯 가지 지혜智慧, 일체종지一切種智가 무엇인가를 꼭 아서야 합니다.

그 첫째는 불지佛智입니다. 불지佛智는 묘각妙覺을 성취하신 부처님의 지혜를 말합니다.

두 번째로는 일체종지一切種智가 되고 있는 여래지如來智입니다.

세 번째로는 스승 없이 깨달은 무사지無師智입니다.

넷째는 인연으로 깨달은 연각지緣覺智입니다.

다섯째는 자연스럽게 깨달은 자연지自然智입니다.

여섯 번째로는 세간의 지식知識을 두루 다 깨달은 세지世智입니다.

바로 이 6지六智, 일체종지一切種智를 빌어 나온 책이 가지산 이야기책입니다.

물론 이 책은 여래삼밀의 가피력이 무엇인가를 잘 설명해 놓았습니다. 이와 같은 가피력의 영험으로 흘러나온 인류지혜의 보고는 참으로 많습니다.

그 대표적인 인류 지혜의 보고는 지금 온 인류가 각양각색으로 다양하게 쓰고 있는 언어와 문자들입니다.

또한 전 세계적으로 군사 대국들이 공용하고 있는 별표와 과학의 모체가 되고 있는 수학의 모든 공식들이 그 대표적인 예가 되고 있습니다.

이 모두는 언제 어느 때 누가 독창적으로 창안했다는 기록이 없습니다. 그 까닭은 일체중생의 마음의 밑바탕에 다 깔려 있는 여래묘각如來妙覺에서 흘러나온 메시지들이기 때문입니다. 그러므로 지금 이 가지산 이야기의 서문도 이 세상에서 가장 이상한 메시지가 될 것입니다.

이 작은 책지는 바로 나를 알게 하고 일체를 다 깨닫게 해주는 글입니다. 그러므로 부디 잘 읽어 두시기 바랍니다.

안녕

부산 설원에서 천명일 합장

차례

사랑하는 불심에게 보내는 편지

이 가지산 이야기는
첨단지혜의 붓이 쓴 책입니다.
공기 없이는 살아도
부처님 생각 없이는 못 사는
불자를 위한 책입니다.
그러므로
한 송이 연꽃처럼
선근 공덕의 뿌리에서
발아하여 가지를 치지를 않은
외줄기 불심으로
꽃을 피워야 합니다.
오직 석가세존밖에 모르는
굳은 신념으로 꽃을 피운
연화 같은 불자에게
이 책을 권합니다.

가지산加持山 이야기

산에 산에는 절도 많고
절에 절에는 탑도 많습니다.
산에 산에 절이 많은 것은
물들지 않은 산심山心이 있기 때문이고
절에 절에 탑이 많은 것은
다보탑이 증명하신 석가세존이 계시기 때문입니다.

저 물들지 않은 산山의 산심山心이 들려주는 가지산加持
山이야기는 잃어버린 석가세존의 일체종지一切種智 이야기
입니다. 과연 '잃어버린 세존의 일체종지一切種智를 어떻게 찾아서 밝힐 것인가' 하는 이 문제를 산심에 묻힌 자연의 지혜가 찾을 것이며 스승 없는 무사지無師智가 밝혀 줄 것입니다.

또한 보다 지고한 세존의 불지佛智와 비밀한 여래지如來智는 필자가 받은 세존의 가피력으로 증명을 해 보일 것입니다.

그러므로 필자가 들려주는 가지산 이야기들은 흡사 천하 명산에서 자연스럽게 흘러내리는 물소리와 같습니다.

처음에는 실개천을 이루다가 강물이 되어서는 이윽고 대하를 이룹니다. 그리고 저 대하들은 필경에는 대양으로 들어갑니다.

대양에 든 강하의 물들은 마침내 모두 제 이름을 잃고 하나의 바다를 이룹니다.

필자의 가지산 이야기도 그렇습니다.

가지산 골짜기에서 흘러내린 깨달음의 물줄기들이 강하를 이루다가 마침내 묘각의 열반 바다로 귀결되면서 필자의 이야기도 숨을 거둡니다.

지금 경상도 가지산迦待山에는 여래의 삼밀이 있습니다.

그리고 저 해남의 땅끝 마을 장흥에 둥지를 틀고 있는 가지산迦智山에는 석가세존의 불지佛智가 숨어 있습니다.

그곳 가지산迦智山 자락에 깃들어 있는 보림사寶林寺에는 국보급 철조 비로자나불상이 모셔져 있습니다.

참으로 거룩하십니다. 불지佛智의 모델 비로자나불 말입니다.

지금 경상도 가지산加持山과 땅끝 마을 가지산迦智山은 서로 형제지간처럼 산세가 너무 많이 닮았습니다.

그래서 법을 인도말로 달마라 하나 봅니다.

다시 말씀을 드리면 경남의 가지산加持山은 '여래삼밀가피임지如來三密加被任持'에서 따온 이름입니다. 또한 저 땅끝 마을 가지산迦智山은 석가세존의 불지佛智를 뜻하는 가지산迦智山입니다.

그러므로 일체종지一切種智인 불지佛智를 갈무리한 가지산迦智山을 모르고는 불법을 안다고 할 수가 없습니다. 그리고 여래삼밀가지如來三密加持의 가지산加持山을 모르고는 여래지如來智를 안다고 할 수 없습니다.

가지산伽峙山 소리

산에는 산격이 있습니다.

사람에게는 인격이 있습니다.

산격이 있는 산에는 절이 있고 인격이 있는 사람에게는
지혜가 있습니다.

그러므로 산사에 모신 부처님과 지혜가 있는 사람이 서
로 만나면 반드시 태양과 같은 불지佛智가 일어납니다.

일찍이 필자는 불지佛智를 갈무리하고 있는 저 땅끝 마을
의 가지산迦智山 보림사寶林寺에 모셔 놓은 석가세존의 법신
비로자나불을 친견했습니다. 법신 비로자나불은 세간법과
출세간법과 최상승법까지 모두 하나로 통일장을 이루신 부

처님이십니다.

그러므로 비로자나불은 불지佛智와 여래지如來智와 무사지無師智와 연각지緣覺智와 자연지自然智와 세간지世間智를 모두 다 갖추신 부처님이십니다. 그런 뜻에서 비로자나 부처님은 일체종지一切種智를 뜻하는 결인을 하고 계십니다.

그 수인手印은 왼손 인지 손가락 하나를 세워서 오른손 오지로 다 잡고 두 주먹을 포개어 가슴 심와부心窩部에다가 대고 있는 모양입니다. 바로 이것이 일체종지를 갖추신 비로자나불의 수인手印입니다.

의意와 지志와 의義의 바른 지견

우리말의 '뜻'이란 말은 일상에서 너무도 쉽게 많이 쓰이는 말입니다.

그런데 지금 여기 가지산 이야기에서도 사실 속에 숨어 있는 중요한 뜻을 밝히는 이야기가 되다 보니 부득불不得不 '뜻'이란 단어가 무척 많이 쓰이고 있습니다.

그래서 순수 우리말 '뜻'을 의미하는 다양한 문자文字에 대해서 바른 지견을 밝히고 넘어가야 하겠습니다.

선각자들은 '뜻'이란 의미로 쓰는 글자를 가려서 합당하게 잘 골라서 씁니다. 달리 쓴 그 글자는 세 개가 있습니다.

보통 많이 쓰이는 뜻 의意자와 의지를 의미하는 뜻 지志

자와 의리義理를 의미하는 옳을 의義자가 그것입니다. 학자
들은 이 세 개의 글자를 분명히 가려서 적절하게 잘 응용을
했습니다.

저 뜻 의意자는 육감으로 느끼는 감성을 의미한 문자입
니다. 그리고 뜻 지志자는 식심분별을 정리한 결심을 뜻합
니다. 그리고 의義자는 진리眞理를 옳게 보는 지견을 의미
합니다.

그러면 지금부터 의意자와 지志자와 의義자 세 글자를 파
자로 풀어서 그 글자들이 스스로 진술하는 의미를 드러내
봅시다. 그렇게 하자면 잠깐 한문漢文 공부를 좀 하고 넘어
가야 합니다.

한문육서漢文六書란?

1. 한 사람의 얼굴에 육근(眼耳鼻舌身意)이 있는 것처럼 한자 漢字 한 글자에는 육감을 상징象徵하는 육서六書가 있습니다. 그래서 한문漢文을 여섯 개의 이빨을 가진 코끼리 한 마리와 같다는 뜻에서 상형문자象形文字라고 합니다.

2. 반드시 사물이든 영혼이든 무엇을 가리키고 있는 글자가 되고 있으므로 지사문자指事文字라 합니다.

3. 여러 가지의 뜻을 가진 낱글자들이 몇 개씩 모여서 한 글자가 되었으므로 회의문자會意文字라 합니다.

4. 한문의 글자들은 독특한 사물의 형상과 독특한 그 글자를 읽는 음성이 있다고 해서 형성문자形聲文字라고 합

니다.

5. 한문의 글자들은 사실과 진실을 전달해 주는 전주문자轉注文字라 합니다.

6. 한문 글자를 읽는 음이나 문자의 의미意味를 빌려서 가명으로 쓰기도 하는 가차문자假借文字입니다.

이렇게 한문은 한 글자 안에다가 여섯 가지의 뜻을 한데 묶어 놓고 있습니다. 그래서 한문의 한 글자를 낱낱이 분해해서 이해를 돕는 파자풀이도 한문에는 있습니다.

한문은 회의문자會意文字로 되어 있기 때문에 한 글자 안에 여러 가지 뜻을 함축시켜 놓고 있는 낱말 같은 글자들이 있습니다.

그래서 한문 글자 한 글자를 낱낱이 파자로 풀어서 그 낱글자들이 의미하는 뜻을 종합해서 번역이나 의역을 해보면 한 글자가 가지고 있는 본래의 고유한 메시지가 쉽게 전달이 됩니다.

우선 의意자부터 파자로 풀어 보겠습니다.

무엇을 바로 세우다의 뜻을 가진 설 립立자 밑에 조어사로 가라사대 하는 왈曰자를 쓰고, 그 밑에다가 식심識心을 의미하는 심心자를 썼습니다.

이제 파자로 된 낱글자를 한 데 붙여서 그 의미를 새겨 보면 다음과 같은 뜻이 됩니다.

"식심 분별로 판별한 의미를 분명하게 세우다."

이렇게 의意자의 본래의 정의定義가 풀렸습니다.

여기서 필자의 조언이 하나 있습니다.

모든 경문에서 말하는 의근意根이란?

단어에서 곧 우리들의 머리, 두부頭部와 같은 것을 의근意根이라 합니다. 진실로 두뇌頭腦는 안과 밖으로 받아들인 육감의 정보를 받아서 최종적으로 답을 전달해 주는 곳입니다. 의근은 그처럼 안팎의 정보가 최종적으로 응축되고 시작되는 말의 뿌리라 하겠습니다. 그러므로 의근意根은 곧 우리들의 머리, 두부頭部입니다.

그래서 모든 경문에서 말하고 있는 의근意根은 곧 두부의 두뇌가 되고 있습니다. 앞으로 불교의 유식학을 공부하실 후학들은 의근意根을 두뇌로 보면 정답이 됩니다.

다음은 뜻 지志자입니다.

뜻 지志자에서 두부에 있는 선비 사士자는 학문을 닦는 학자를 뜻합니다. 또 용맹스러운 무사武士를 의미하는 사士자이기도 합니다. 바로 그 용맹스러운 선비 사士자 밑을 분별심을 의미하는 심心자가 받치고 있습니다. 그렇다면 지금 이 지志자의 파자 풀이는 간단합니다.

무사와 같은 결심의 뜻을 가진다(志)는 뜻의 글자가 되고 있습니다.

다시 옳을 의義자를 파자로 풀어 보겠습니다.

옳을 의義자를 잘 보세요.

의義자의 맨 위 두부 글자는 여덟 팔八자로 읽습니다.

그 다음 글자는 임금 왕王자입니다.

그 왕王자 밑에 글자는 참 나, 진아眞我를 의미하는 나 아我자입니다. 의義자의 파자가 그렇다면 그 의미는 다 나왔습니다.

'팔왕八王이 바로 나(眞我)로다'라고 하는 뜻이 됩니다. 그러면 무엇이 팔왕八王인가?

깨달음으로 가는 팔정도八正道가 팔왕八王이 됩니다.

그렇다면 의義자는 곧 깨달음으로 돌아가는 길을 의미하고 있습니다.

참 나인 묘각妙覺으로 돌아가는 바른 길이 팔정도八正道입니다.

그러므로 옳을 의義자는 구경각究竟覺으로 가는 길을 옳게 보고 옳게 사유해서 들어가는 의리義理의 의義자가 되고 있습니다.

부처님께서는 법화경을 설하시기 전에 왜 무량의경無量義經을 설하셨을까?

여기서의 무량의無量義를 제대로 알기 위해서도 먼저 의義자를 바로 이해하고 나서 경문經文을 보아야 합니다.

다시 한 번 더 의意와 의義는 그 참 뜻이 어떻게 같고 다른가를 분명히 밝혀 보겠습니다.

먼저 의意자와 의義자는 과연 서로 어떻게 그 의미를 달리하고 있는가를 예로써 이해를 돕겠습니다.

누가 하늘 천天자를 지적하면서 이 글자는 하늘 천天자야 하니까 천天자란 말과 글자를 듣고 본 사람이 '아! 이 천天자는 하늘을 의미한 글자다'라고만 이해했다면 이 사람은 하늘을 의미한 천天자의 의意만을 기억한 사람이 됩니다.

그러나 같은 천天자를 공부한 사람이라도 이 글자는 하늘

천天자다라고 알고 있음과 동시에 그 천天자가 의미하고 있는 실제의 하늘을 머릿속으로 생각하면서, 생각하는 그 마음의 하늘을 각성의 눈으로 주시하는 지적 행위가 마음속에서 일어난 사람은 곧 천天자의 의義를 파악한 지혜로운 사람이 됩니다.

다시 한 번 더 도움 말씀을 드리면 이렇습니다.

만약에 누가 물 수水자를 보고 저 글자는 '물 수水자다'라고 하는 말소리를 듣고 물 수水자란 뜻만 기억했다면 이 사람은 물 수水자의 의意만을 안 사람이 됩니다.

그러나 같은 물 수水자를 본 사람이라도 곧바로 바닷물이든 강물이든 먹는 생수든 간에 단박에 물 그 자체의 성품을 마음속으로 느끼고 그 느낌을 한 번 더 돌이켜 물을 의식한 사람은 곧 물 수水자의 의義를 통찰한 사람입니다.

이와 같이 문자의 뜻(意)을 아는 것은 지식知識이라 합니다. 그리고 문자의 의미(義)를 각성의 눈으로 보는 것을 지혜智慧라 합니다. 이렇게 같은 글과 말의 '뜻'이라도 그 의미가 지식知識이 되기도 하고 지혜智慧가 되기도 합니다.

깨달음은 모든 진리를 옳게 보는 의義를 통해서만 일어납니다. 그러므로 의義는 곧 지적인 의식행위가 되므로 의義를 지혜智慧라 합니다.

삼양三陽을 끼고 있는 가지산加持山

가지산加持山 자락에는 삼양三陽이 있습니다. 삼양三陽이 란 밀양密陽과 언양彦陽과 양산陽山을 말합니다. 이 삼양三陽 을 발판으로 해서 우뚝 서있는 가지산加持山의 이름을 울주 군에서는 더할 가加자에 지혜 지智자에 뫼 산山자를 써서 가 지산加智山이라 적고 있습니다.

지금 현재 울주군 문화대백과에서도 가지산加智山이란 이 름 가운데에다가 지혜 지智자로 쓰고 있습니다. 그런데 이 지혜 지智를 빼고 가질 지持자로 고쳐 써야만 합니다. 꼭 그 렇게 해야만 하는 충분한 논거가 있습니다. 불경을 보면 됩 니다.

여래삼밀가피임지如來三密加被任持라고 하는 경문이 있습니다. 이 경문의 뜻은 '여래 삼밀의 가피력을 받아 가지고 지킨다'라고 하는 의미가 됩니다. 이 경문의 기록인 가피임지加被任持에서 앞의 더할 가加자를 따고, 받아 가지고 지킨다는 뜻의 임지任持에서 끝에 가질 지持자를 취해서 가지산加持山이라 했습니다. 그래야만 여래 삼밀如來三密을 의미한 삼양三陽이 있는 밀양密陽의 운문사雲門寺, 언양彦陽의 석남사石南寺, 양산陽山의 통도사通度寺를 삼위일체로 잘 품어 안고 있는 가지산加持山 본래의 명리名理가 분명해지기 때문입니다.

이와 같은 의미로 우리나라의 산천지명은 경문에서 따온 이름이 상당히 많습니다. 물론 유교의 사상으로 지어진 지명이나 산천의 이름도 없지는 않습니다.

유교정신의 기본이 되는 인仁, 의義, 예禮, 지智, 신信에서 빌려온 지명으로 인천仁川, 의성義城, 예천禮泉, 지산智山, 신의주信義州 등과 같은 이름이 있습니다.

지금 울주군 지방문화원에서 쓰고 있는 가지산加智山 이름에서 꼭 지혜 지智자를 넣은 가지산加智山으로 고집을 하려면 전남 장흥에서 쓰고 있는 가지산迦智山처럼 가加자를 석가모니불釋迦牟尼佛 할 때 쓰는 막을 가迦자로 바꿔 넣게 되면 별 무리가 없습니다.

하지만 가지산加持山은 삼양三陽을 가지고 지키는 의미의 산입니다. 그러므로 가지산 주변에는 밀양과 언양과 양산이 있습니다. 이 삼양三陽에는 삼보사찰三寶寺刹이 있습니다. 삼보사찰은 양산의 통도사와 언양의 석남사와 밀양의 운문사입니다.

이 삼대사찰을 가지산加持山이 다 모시고 있는 것입니다.

가지산이 모시고 있는 삼보사찰三寶寺刹에는 여래如來의 신밀身密과 어밀語密과 의밀義密을 모시고 있습니다. 이런 깊은 의미의 뜻을 받아 가지고 지킨다는 뜻으로 가지산加持山이라 했습니다.

이와 같은 깊은 뜻을 경문에서는 여래삼밀가피임지如來三密加被任持라 했습니다. 이 경문의 가피임지加被任持에서 빌어온 산 이름이 가지산加持山인 것입니다.

밀양密陽, 양산陽山, 언양彦陽은 태양과 같은 부처님의 삼밀을 뜻한 지명입니다. 바로 이 삼양三陽인 삼밀三密을 받아 가지고 잘 지키는 큰 절 세 개가 지금 여기 가지산加持山에다 있습니다.

그러나 일반 세인들은 저 가지산加持山을 등산코스로만 생각합니다. 우리 조상들처럼 산을 신성시하는 숭고한 산 신사상은 아예 없습니다. 대개가 가지산加持山을 관광 명소로만 알고 있습니다. 그래서 가지산加持山을 저 유럽의 알프스 산에 비유해서 '한국의 알프스'니, 혹은 '신불산 알프스'니 혹은 '영남의 알프스'라고들 하고 있습니다.

이는 모두 제 속 편한 대로 살아가는 속인들의 애명일 뿐입니다. 사람들은 다수가 가보지도 못한 유럽의 알프스 산을 가지산에다가 대비시켜서 연상심리로 한국의 알프스라고들 합니다.

그럴 만한 이유가 없지는 않습니다. 지금 여기 가지산加持山도 삼방으로 세 개의 지명에 걸쳐 있는데 저 유럽의 알프스 산도 세 개의 나라를 품고 있습니다. 이러한 지정학적 연관관계가 있습니다.

지금 여기 가지산은 동으로는 언양彦陽과 서로는 밀양密陽과 남으로는 양산陽山을 끼고 있습니다. 저 유럽의 알프스 산맥도 스위스, 프랑스, 이탈리아를 휘어잡고 있습니다. 유럽 제국의 중심에 우뚝하게 높이 솟아 있는 알프스 산은 그 산의 높이만 해도 4,807m나 됩니다. 그러므로 알프스 산은 만년빙설을 항상 머리에 이고 있습니다.

그러나 한국의 알프스 가지산은 불과 1,241미터밖에 안됩니다. 그래서 가지산伽智山 봉우리에서는 하얀 눈을 보기가 쉽지 않습니다. 그러나 신통하게도 가지산의 가슴팍에는 사시사철 얼음이 녹지 않는다고 하는 얼음골이 있습니다. 저 유럽의 알프스와 가지산은 하얗고 투명한 빙설氷雪의 공업 현상을 가지고 있습니다. 이러한 공업 현상을 민초들이 신기하게 보고서 부르는 애명이 영남의 알프스라 한다고 보면 아름다운 변명이 될 것입니다.

여래如來 삼밀三密을 찾아서

여래如來의 삼밀三密은 의밀意密과 신밀身密과 어밀語密입니다.

가지산 주변에 있는 세 개의 지명에는 여래의 삼밀을 은유하고 있습니다. 그 지명은 밀양密陽과 언양彦陽과 양산陽山입니다.

하지만 저 유럽의 알프스 산 주변에는 한국의 알프스처럼 불지佛智를 은유한 지명은 없습니다. 그래도 자연지自然智로 생긴 철학은 있습니다.

예를 든다면 지금의 프랑스를 '서방에 부처님의 향기가 나는 나라'란 뜻으로 불란서佛蘭西라 적고 있습니다.

그리고 저 독일獨逸이란 이름을 보십시오.

독각의 나라란 뜻입니다. 저 독일獨逸에는 히틀러 같은 무서운 독재자가 있었습니다. 그 히틀러는 묘각妙覺의 깃발 만卍자를 표식으로 사용했던 인물입니다.(인도에서는 만卍자의 표기가 우리와 반대이다. 히틀러는 스스로 정통 아리안계 민족임을 나타내기 위해 卐자를 사용했다.)

물론 불란서佛蘭西나 독일獨逸이라 쓴 한문 글자의 의미는 영문을 한문의 음만을 빌려서 만든 이름입니다. 한문 육서에서 말하는 음을 빌린 가차문자假借文字들입니다.

비록 음만 빌린 가차문이라 할지라도 실제로 저 프랑스 민족성의 향기로운 지성미를 보십시오. 그리고 저 독일 사람들의 독창적인 독각성의 근성들을 보십시오.

한문 글자가 시사하는 의미와 무엇이 다릅니까? 이를 자연지自然智라 합니다.

그런데 문제는 저 일본日本입니다.

일본日本이란 이름이나 일본의 국기는 대일여래大日如來의 사상을 그대로 은유 묘사한 국명과 일장기日章旗입니다. 특히 일장기는 대일여래를 상징한 마크입니다. 그래서 저 일본인의 민족성은 본래는 지혜롭고 참으로 아름답습니다.

일찍이 공자님의 예절로 다듬어진 인간미와 저 진리의 씨 앗이란 인도印度의 각성미를 그대로 다 받아들여서 동양문 화의 꽃을 골고루 다 피운 민족입니다. 그런데 일본의 정치 가들은 아직도 무슨 생각을 하고 계십니까?

일본의 정치가들에게 기원합니다.

제발 이 추한 지구촌에서 이름 그대로 동양문화의 가장 아름다운 한 송이 연꽃이 되어 주소서.

분명 일본은 동양문화의 꽃입니다. 서양문화의 꽃은 영 국입니다. 지금 일본 천황의 시조 할배도 본래 한국의 김해 김씨입니다. 이러한 진리의 씨앗을 생각해서라도 선량하게 수 만 생을 살고 있는 부처 같은 한민족의 지혜의 기도를 받아 주세요.

일체종지一切種智를 모르면 명산의 이름도 모른다

천하에 장관과 기관을 자랑하는 강원도 금강산金剛山만 하더라도 그렇습니다. 지금 저 이북에 있는 금강산은 금강경金剛經 이름을 빌려와서 지어진 이름입니다.

그런데 금강산 최고봉 이름을 보면 비로봉毘盧峰이라 했습니다. 이렇게 최고봉의 이름이 비로봉이라면 석가세존께서 묘각을 이루시고 보름 만에 설하신 화엄경을 머리 위에 이고 있는 금강산이 되고 있습니다.

또 저 바다 건너 제주도로 가봅시다.

저 제주도는 바다 건너에 있는 우리나라에서 제일 큰 섬입니다. 이 섬을 제주도濟州道라 하고 산 이름을 한나산漢拏

山이라 했습니다. 그리고 한라산 정상에 푹 꺼진 분지의 큰 웅덩이를 백록담白鹿潭이라고 했습니다.

필자는 앞서 선언했습니다.

한국의 명산이나 지명뿐만이 아니고 세계만방에 산재한 산하대지의 지명을 제대로 깨닫고 이해하자면 석가세존의 불지佛智와 일체 만법을 먹었다 토했다 하는 여래지如來智와 우주 대자연이 형설한 자연지自然智와 스승 없이 깨친 무사지無師智와 세속의 학식을 통달한 세지世智가 없으면 보고도 모릅니다.

저 5지五智가 없으면 천하의 명산이나 그 명산에 머물고 있는 만법의 알맹이를 알 수가 없습니다. 그러므로 이제 저 5지五智를 가지고 제주도로 가봅시다.

제주도 한라산 백록담이란 지명 소개만을 가지고 얘기한다면 향토사학자들의 세지世智를 빌리면 됩니다.

그러나 만약에 제주도濟州道 한나산漢拏山 백록담白鹿潭을 제대로 이해하자면 5지五智를 다 빌려야 합니다.

왜냐하면 바로 제주도 한라산 백록담이란 지명의 연원 설화는 곧 석가세존의 초전법륜지로부터 비롯되고 있기 때문입니다. 초전법륜의 설화는 석존이 깨달음을 성취하시고 곧

바로 교진여 등 다섯 비구를 제도하신 불사佛事 얘기입니다.

바로 그 초전법륜의 성지가 제주도 한라산 백록담이란 이름이 되고 있습니다.

석가세존께서 성도를 하시고 제일 먼저 찾아간 곳은 인도의 녹야원입니다. 이 녹야원에는 세존과 함께 고행을 했던 아야교진여 등 다섯 비구가 수도를 하고 있었기 때문입니다.

그 중에서 아야교진여 비구는 세존이 성도를 하시고 처음으로 말씀하시는 깨달음의 음성을 듣고 제일 먼저 깨치신 분입니다. 세존이 말씀하시는 음성은 뜻밖에도 일반 세상 사람들이 하는 말소리가 아니었습니다. 마치 저 무변 허공계를 두루 감싸고 들려오는 음성륜音聲輪이었습니다. 세상에 듣도 보도 못한 음성륜을 듣는 순간에 교진여 비구의 식심이 안개처럼 증발되면서 활연히 각성의 법계가 확 열렸습니다.

그러므로 불경에서는 아야교진여를 부처님의 음성륜으로 제일 먼저 깨치신 제자라고 적고 있습니다.

세존은 5비구에게 분명히 사제법四諦法(苦·集·滅·道)을 말씀하셨습니다. 세존께서는 말씀하시기를 "깨달음을 이루는 네 가지 결정적인 원칙이 있노라. 모든 고통은 집착에서 온다. 그러므로 모든 집착을 일단 소멸시키는 이것이 일체의 고뇌로부터 해방되는 길이니라"라고 하셨습니다.

세존께서 말씀하시는 고苦, 집集, 멸滅, 도道라고 하는 사제법문의 뜻을 교진여가 깨쳤다는 말씀이 결코 아닙니다.

알고 모르고의 지적인 앎과는 아무런 상관도 없는 깨달음이 일어났습니다. 깨달음은 깊이 잠이 들었던 사람이 갑자기 잠을 깨는 듯한 경우입니다. 그래서 잠을 깬 듯한 경우라 해서 깨달음이라 합니다. 지금 우리도 이 현실이란 의식의 꿈을 한 번 더 후닥닥 깨고 나면 교진여가 체험하고 있는 각성 세계와 똑같아집니다.

교진여는 부처님의 음성을 듣는 순간 몸과 마음과 시방세계가 스스로 부서지면서 시방세계를 두루 다 머금고 있던 묘각의 각성이 활짝 열렸던 것입니다.

세존이 말씀하시는 음성은 세존의 입을 통해서 들려오는 것이 아니었고 저 무변 허공계 밖에서 두루 들려오는 음성륜音聲輪이었습니다. 그 음성륜으로 몸과 마음의 그림자가 녹아버리는 체험이 일어나는 순간 시방세계가 활짝 벗어지면서 묘각의 각성이 환하게 밝아왔습니다.

이를 보신 세존께서는 교진여 비구가 음성류으로 묘각의 빛 각성이 열렸음을 아시고는 "너는 생사를 벗어난 아라한과를 이루었노라"라고 인가하셨습니다.

이렇게 해서 아야교진여는 석존의 제자들 중에서 제일 먼저 깨친 수제자가 되었던 것입니다.

인도 녹야원에서 일어난 이와 같은 깨달음의 신비경이 동방의 제주도濟州道 한나산漢拏山 백록담白鹿潭에서도 일어났던 것입니다.

제주도濟州道란 도명道名을 의義로 보면 중생을 도道로써 제도濟度한 지방이란 뜻이 됩니다.

그리고 한나산漢拏山이란 산의 이름을 깊이 잘 생각을 해 보아야 합니다. 한나산漢拏山에서 한漢자는 아라한의 한漢자입니다 그리고 나拏자는 잡을 나拏자입니다 또 산山은 높은 산인 뫼를 말하고 있습니다. 그렇다면 아라한阿羅漢을 잡은 (拏) 산山이란 뜻이 됩니다.

석존께서 성도를 하시고 보니 중생들의 근기가 너무나 일천함을 아시고는 어떻게 저들을 교화할까? 하고 무척 고민을 하셨다고 합니다. 최후로 결정하신 방편이 있었습니다. 그 방편의 도가 세 가지였습니다.

그 세 가지 방편의 도를 삼승도三乘道라 했습니다.

이 삼승도三乘道 방편설의 비유가 참으로 심오합니다.

삼승도의 비유를 모두 축생으로 등급을 매겨서 결정하신 점입니다. 제일 하등급을 이리저리 남이 끄는 대로 끌려만 다니는 양羊이 끄는 수레라 해서 양거羊車라 했습니다.

그리고 또 중등급으로는 앉을자리 설자리를 잘 살필 줄 아는 동물이 있습니다. 그 동물은 고래로 신성시해 온 사슴입니다. 그 사슴이 끄는 수레라 해서 녹거鹿車라 하셨습니다.

그리고 또 수승한 상등급을 보살승이라 보고 생을 두고 일만 꾸준히 하는 소에다가 대비시켜서 소가 끄는 수레라 해서 우거牛車라 하셨습니다.

이 양거羊車, 녹거鹿車, 우거牛車를 비유로 해서 삼승도三乘道라 하셨습니다. 이 삼승도에서 막상 제주도 한나산漢拏山에서 제도할 제자들의 급수를 보니까 중등급이 되는 녹거鹿車에 해당되었습니다.

그 연유를 살펴보면 한라산에 있는 하얀 사슴을 의미하는 백록담白鹿潭이란 호수의 이름이 충분한 논거가 됩니다. 그렇다면 녹거鹿車는 성문聲聞, 연각緣覺, 나한과羅漢果를 말합니다. 이 삼과三果 중에서 아야교진여는 좀 수준이 높은 벽지불과辟支佛果가 됩니다.

석가세존께서 제일 먼저 펴신 초전법륜지는 두말할 것도 없이 인도의 녹야원鹿野園입니다. 그 녹야원의 법륜성지를 그대로 반영한 곳이 다름 아닌 제주도濟州道 한나산漢拏山 백록담白鹿潭이 되고 있습니다.

사슴 중에서도 백록白鹿이란 짐승의 명칭을 받게 된 아야교진여 비구에게는 세존과 깊이 숨은 전생의 사연이 있습니다.

세존과 교진여 사이에는 무량 아승지겁 전에 서로 약속한 굳은 언약이 있었다고 합니다.

저 먼 옛날 교진여는 대제국의 왕이었습니다. 그때에 지금 세존은 신선의 몸으로 산중에서 수도를 하고 계셨습니다. 그때에 왕은 많은 궁녀들과 산으로 사냥을 나왔습니다. 사냥을 하는 도중에 왕이 보니 자신을 시중 들던 시녀들이 갑자기 하나도 보이지를 않았습니다.

시녀들이 보이지 않자 이상히 생각한 왕은 이리저리 찾다가 보니 시녀들이 이상하게 생긴 신선에게 반해 있는 모습을 발견하게 되었습니다. 이를 본 왕은 격분한 나머지 그 신선에게 달려가서 그 신선의 양팔을 칼로 베어버렸습니다.

그런데 팔을 베고 베어도 그대로인 신선의 팔을 본 왕은 참회의 눈물을 흘리면서 용서를 구했습니다. 그리고 왕이 말하기를 "만약에 당신이 어느 생에서든지 성불을 하시게 되면 제일 먼저 나를 교화해 주십시오"라고 했습니다. 그때 신선은 선뜻 왕에게 그러마고 약속을 했습니다.

그 아득한 멀고 먼 옛날의 약속이 인도의 녹야원과 제주도 한라산 백록담에서도 그대로 재현되었던 것입니다.

이미 묘각을 이루신 석가세존께서는 여래 신밀의 불가사의한 신통력으로 지구촌 한라산에서도 그 먼 옛날에 약속했던 맹약을 그대로 재현하셨던 것입니다.

교진여는 녹거鹿車 중에서도 수승한 연각緣覺이 되었습니다. 그 논증은 호수의 이름인 백록담白鹿潭에 있습니다.

호수의 이름을 백록白鹿이라 한 명칭에서 수승한 연각승들을 구제했다는 암시적인 의밀이 숨어 있습니다.

묵시적인 의밀은 곧 백법白法입니다. 백법白法은 등각等覺에 가까이 가 있는 교진여 같은 수승한 연각승들을 의미하고 있기 때문입니다.

백법白法이란 불지의 법명입니다. 그 법명을 제2의 초전

법륜지 호수의 이름에다가 간접 명시를 했습니다. 백록담白
鹿潭이라고 말입니다.

석가세존께서 방편으로 쓰신 삼승도에서 양거羊車만을
전문으로 취급하신 성자가 계십니다. 그 분은 바로 예수님
이십니다. 예수님은 길 잃은 영혼들을 양거羊車로 구제하셨
습니다.

양의 속성은 누가 어디로 끌든 저들이 끄는 대로 끌려갑
니다. 이런 부류의 하등 중생들을 전문으로 취급하신 성자
는 예수님밖에는 없습니다.

그래서 예수님은 늘 자신은 양떼를 몰고 다니는 목자牧者
라고 스스로 말씀하셨던 것입니다.

오늘날까지도 교회의 지도자들을 모두 목사牧師라 부르
는 이유가 바로 양거羊車에 있습니다. 목사란 명칭은 양치
는 목자란 뜻에서 나온 이름입니다.

이 같은 기독교의 목자牧者 연원은 석존이 펴신 삼승으로
제도한 양거羊車 설화에서 그 근거를 찾을 수 있습니다.

지금으로부터 2천 5백여 년 전에 석존은 왕궁을 나와 6
년 동안 고행을 하시다가 가야성에서 성도를 하셨습니다.
성도하시면서 동시에 시방세계에 어디라 할 것 없이 몸을

나투시었습니다. 이렇게 천백억으로 몸을 나투신다는 화신불의 실증적인 유적지가 우리나라 제주도濟州道 한나산漢拏山 백록담白鹿潭입니다. 이러한 진실을 지명이 잘 대변하고 있습니다. 물론 자연지自然智로 제주도 한라산 백록담이란 지명을 새롭게 읽어야 합니다.

한라산 백록담 쪽에서 서쪽으로 좀 내려가다가 보면 장엄한 돌산을 만나게 됩니다.

그 웅장한 석상의 기이한 형상들을 보시게 되면 왜 이곳을 영실이라 했을까 하는 의문이 확 풀리게 됩니다.

저 먼 옛날 세존이 머무시던 인도의 영산을 영실이라 은유적으로 묘사한 무설설無說說의 자연지에 놀라게 됩니다.

저 먼 시대에 실제로 있었던 영산을 그대로 옮겨 놓았다는 현실감에 경배심이 일어납니다. 우뚝한 기암석상을 보면 세존봉이다 싶은 거봉을 중심으로 해서 기암 군상들이 좌우로 죽 둘러앉아 있는 모습은 흡사 영산회상에서 석존이 제자들과 죽 둘러앉아서 깊은 삼매에 든 듯한 그때의 모습으로 보입니다.

여기를 영실이라 한 것은 불교 신자들이 막연히 지어낸 말이 아님을 알게도 됩니다. 시간과 공간을 초월한 무사지

無師智가 주는 메시지가 바로 이런 것이로구나 싶어집니다.

저 자연의 경관이 보여주는 영실의 영험한 신비를 접하고 보면 어떠한 학술적 기록물보다도 무설설의 자연지自然智가 증명을 해주는 감명 깊은 영험은 어디에도 비할 바가 없습니다.

기암절벽으로 둘러싸인 웅장한 석산의 침묵을 몸으로 접하고 나면 신선한 영실의 고요에 엎드려 절하게 됩니다.

아! 보라. 그리고 또 들어 보라.

그 먼 옛날 석가세존이 동방의 제주도 한라산에서 동방의 제자들을 녹거鹿車로 제도하시고 그들을 모두 반야용선에 태워서 저 서방 정토로 돌아가시면서 불렀던 서귀포의 해조음을 지금 그대들은 듣고들 있는가?

필자의 이 같은 한라산 설화를 충분히 증명을 해주시는 제주대학에 안 교수님이 계십니다.

그 누구보다도 더 확실한 증언이 있습니다.

바로 석존의 증언입니다. 직접 세존께서 증명을 하신 법문입니다.

"모든 부처님의 위신력은 시방 모든 국토에 어디라 없이 다 그 몸을 빈틈없이 나투시노라" 하셨습니다. 그 경문의 원문은 이렇습니다.

　　제불위신력諸佛威神力

　　시방제국토十方諸國土

　　무찰불현신無刹不現身

삼밀三密이란?

부처님에게는 세 가지의 몸이 있습니다.

첫째로 청정법신 비로자나불이라고 이름하는 묘각妙覺의 몸이 있고,

둘째로는 원만보신 노사나불이라고 이름하는 무량한 공덕의 몸이 있고,

셋째로는 천백억 화신불이라고 이름하는 무량한 지혜와 신통의 몸이 있습니다.

이를 법신法身, 보신報身, 화신化身이라고 이름합니다.

중생에게도 허망한 삼신三身이 있습니다.

비유를 해 보면

눈에 보이지도 않는 마음의 몸은 법신法身이 되고,

금생에 받은 이 몸은 업보의 몸이므로 보신報身이고,

망상과 꿈에 다니는 영혼의 몸은 화신化身입니다.

법신法身, 보신報身, 화신化身을 원만히 이루신 부처님에게는 중생 교화를 시키는 신통한 지혜의 방편이 또 세 가지가 있습니다.

몸으로 법을 전하는 신밀身密과

말로써 법을 전하는 어밀語密과

뜻으로 법을 전하는 의밀意密입니다.

이를 여래如來의 삼밀三密이라고 이름합니다.

그러므로 불자들은 이 여래 삼밀의 가피력을 반드시 받아서 잘 지켜야만 합니다. 잘 지킨다는 말은 추행을 하지 말고 계율을 엄격히 잘 지켜야 한다는 말씀입니다.

이 같은 불가사의한 여래 삼밀의 가피력을 반드시 받아서 몸에 잘 지녀야 한다는 뜻에서 '여래삼밀가피임지如來三密加被任持'라 하셨습니다.

지금 여기서 얘기하고 있는 가지산加持山이란 이름은 여래가피임지如來加被任持에서 앞의 더할 가加자와 뒤의 가질 지持자만을 딴 것으로, 예부터 지금까지 가지산加持山으로 불러왔습니다.

그러므로 여기 이 가지산加持山 산자락에는 여래 삼밀의 불가사의한 가피력을 주는 세 개의 큰 절이 있습니다.

비유를 하자면 그 큰 세 개의 절에서 우리는 반드시 삼밀을 받아서 몸에 꼭 지녀야만 합니다. 왜냐하면, 초발심자는 말할 것도 없고, 설령 성문·연각과 보살마하살이라 해도 부처님의 가피력 없이는 그 무엇도 이룰 수가 없기 때문입니다.

흡사 오늘날 전자 제품들은 반드시 전기 코드를 꽂아 주어야만 모든 제품들이 제 기능을 할 수 있는 것처럼 말입니다.

꼭 이와 같은 이치로 불도 수행자들은 여래 삼밀가지의 가피력을 반드시 받아 가져야 합니다. 받아서 잘 지키는 가피임지加被任持가 되도록 신명을 다해야 합니다.

신명을 버리는 수행이 있을 때에만 저 가지산加持山 자락에 있는 삼대사찰에 머물고 있는 불가사의한 불지佛智와 여래지如來智와 무사지無師智를 얻게 됩니다.

신통하게도 이 삼대사찰은 가지산加持山을 중심으로 해서 삼각으로 자리를 잡고 있습니다. 저 삼대사찰은 불보佛寶

사찰인 통도사通度寺와 법보法寶 사찰인 운문사雲門寺와 승보僧寶 사찰인 석남사石南寺입니다.

그리고 저 가지산(1,241m)을 중심으로 해서 서쪽으로는 밀양密陽이 있습니다. 밀양密陽이란 우리말 뜻으로는 '항상 햇빛이 빽빽하게 비춘다'는 뜻입니다. 그 밀양密陽에서 가까운 청도淸道에는 운문사雲門寺가 있습니다. 이 운문사雲門寺란 절 이름도 여래지로 보면 '묘각妙覺으로 들어가는 문'이란 뜻입니다. 저 높은 묘각妙覺으로 올라가자면 반드시 법운지法雲地를 지나야만 합니다. 그 법운지로 가는 문이라는 뜻에서 절 이름을 운문사雲門寺라 했습니다.

그리고 동쪽으로는 언양彦陽이 있습니다. 언양彦陽이란 지명의 뜻은 '나도 햇빛과 같이 되고자 하는 선비다'라고 하는 지명이 됩니다.

바로 이 언양彦陽에는 불교 초학들이 공부를 하는 석남사石南寺가 있습니다.

예부터 석남사는 출가 수행자들이 불도를 익히는 도량으로 유명합니다. 이 절 이름에 돌 석石자를 써서 석남사라 한 까닭은 무엇일까요?

돌(石)은 그것이 크든 작든 무지무각한 무의식의 대표적인 상징물입니다. 그래서 돌과 같이 무지각한 사람을 일깨워 준다는 뜻으로 부르는 인도말 세 가지가 있습니다. 붓다, 붓두, 붓트입니다.

붓다는 깨달음을 말합니다.

붓두는 바보를 말합니다.

붓트는 돌 머리를 말합니다.

그래서 동양에는 예부터 글 쓰는 도구를 붓이라 합니다.

붓이란?

곧 무의식한 붓트 같은 돌 머리를 깨어나게 합니다.

붓이란 바보 붓두들을 현명하게 합니다.

붓이란 깨달은 붓다(佛)로 만들어 줍니다.

그래서 동양에는 서도書道가 있습니다. 성불을 하는 불도 수행에는 반드시 자신의 피로 먹을 삼고 뼈를 쪼개어 붓을 삼아서 경전을 수미산처럼 쓰라고 합니다.

이렇게 붓으로 경전을 써야만 성도를 합니다. 그래서 고래로부터 서도書道는 존숭되어 왔습니다. 그런데 불행하게도 오늘날은 깨달음을 주는 글 쓰는 '붓'은 없습니다.

글 쓰는 일반 펜도 점점 무용지물이 되어가고 있습니다. 이 같이 글 쓰는 붓을 모르는 학도들을 위하여 글 쓰고, 경

읽는 지혜를 심어 주는 절이 있습니다. 바로 언양彦陽의 석남사石南寺입니다.

또 가지산加持山 남쪽으로는 양산陽山이 있습니다. 양산陽山이란 지명의 뜻은 '나는 항상 태양을 머리 위에 모시고 있다'라고 하는 뜻입니다. 그러므로 양산陽山에 있는 통도사通度寺는 석가세존의 정골사리를 모시고 있는 불보사찰이 됩니다.

의밀義密의 통도사通度寺에서

영취산靈鷲山이 품고 있는 절을 왜 통도사通度寺라 했을까요?

그것은 불지佛智를 삼차원 방정식으로 표현한 절이기 때문입니다.

불지佛智의 삼차원 방정식이란?

삼밀三密이라 하는 신밀身密과 어밀語密과 의밀義密을 삼위일체로 하나로 통通하게 하는 법도法度가 있는 절이란 뜻에서 통도사通度寺라 했습니다.

아! 보라! 그래서 양산 통도사는 일주문에만 들어서도 절로 가는 길부터가 만단수심에 잠긴 민초들의 가슴에 신선한 감회를 담아 줍니다.

산사 입구의 늙은 소나무들의 한바탕 춤도 예사롭지 않지만 계곡에 앉고 눕고 널퍼짐하게 드러누운 반석들도 이미 속태를 벗어서 그 정갈함이 승속이 다름을 보여 줍니다.

그보다 놀라운 별경은 광활한 솔밭 풍경입니다. 산사를 품고 있는 푸르른 청솔 군단의 경치가 참으로 별다릅니다. 그것은 잡목 하나 없이 싱싱한 솔밭 군락지 안에 숨어 있는 통도사만의 진풍경입니다.

일주문에서 오르다 보면 큰 산 계곡 양편 언덕바지로 죽 나열해 서 있는 늙고 젊은 소나무들의 운치가 예사롭지 않습니다. 또한 계곡의 물길 따라 어디까지나 적갈색으로 반반한 반석으로 포장이 잘 되어 있습니다. 그 반석 위로 조용히 흘러내리는 물결의 재롱은 퍽이나 낙천적입니다.

아! 보라! 통도사로 가는 길은 오나가나 편해 좋아서 승찬 대사의 『신심명信心銘』이 저절로 생각나는 절입니다.

대도무난大道無難이라고 말입니다. 오고감에 편안한 통도사 탑전에 들어서면 누구나 지극히 고요한 적정의 불가사의 의밀義密의 가피력을 받습니다.

그리고 저 설악산 봉정암에 오르면 신밀身密의 불가사의

고진감래를 맛봅니다. 산야시중 외진 곳에 홀로 무정히 서 있는 탑을 지극히 사랑하면 어밀의 불가사의 공덕을 얻습니다.

아! 보라. 그래서 그제나 이제나 제불의 탑은 어디라 할 것 없이 다 서 계십니다. 박덕한 중생들에게 불가사의 복덕을 주시려고 말입니다.

만약에 저 숱하게 서 있는 탑에 한 번 절한 그 공덕이 현찰로 손 안에 쏙 들어온다고 합시다. 그러면 지구촌에 서 있는 탑도 탑 얘기도 밤 쥐, 낮 새도 모르게 저 지독한 돈벌레들이 다 파먹어 버렸을 것입니다.

통도사通度寺 금강계단金剛戒壇에서

하늘을 우러러보라. 저 높고 광활한 창공에는 신령한 수리 한 마리가 만장 같은 양 날개를 남북으로 활짝 펼치고는 울울창창한 송림의 품에 안긴 대찰의 금강계단을 하늘에서 조심스레 굽어봅니다.

더 높은 하늘에서 천하명당을 정착지로 넉넉히 굽어본 수리 한 마리가 멀찍이 착지를 하는 활기차고 웅장한 강림상은 저 영취산의 영험한 신비가 아니고는 어디서도 볼 수가 없습니다.

그러므로 영취산은 언제 어디서 보아도 고공을 나는 수리 한 마리가 착지를 할 때의 기찬 모습으로 보입니다.

바로 그 영취산이 품어 안은 여기에 금강계단金剛戒壇 탑전塔殿이 있습니다. 탑전塔殿에는 석가세존의 정골사리가 모셔져 있습니다.

그리고 절 안에는 석존의 금란가사와 다소의 국보급 보물이 잘 보관되어 있습니다.

필자는 지금 여기 탑전 금강계단에서 석가세존을 친견했습니다. 친견을 한, 꿈을 꾸었습니다. 다만 현실이 아니므로 필자가 꿈이라고 표현했을 뿐입니다. 말로는 꿈이라 하지만 실제로는 현실 그 이상의 영명한 삼매 중에 있었던 이야기입니다.

세존께서는 대웅전 금강계단 단상 앞에 앉아 계셨습니다.

세존의 좌우에는 문수·보현 보살이 함께하고 계셨습니다.

세존께서는 두 보처보살과 함께 좌복도 없이 맨 바닥에 그냥 그대로 앉아 계셨습니다.

필자는 세존을 뵙는 순간 무량한 대비심이 북받쳐서 눈물이 비오듯 했습니다. 쏟아지는 눈물을 그대로 흘리면서 세존께 엎드려서 큰절 삼배를 올렸습니다.

삼배의 절을 올리면서 세존께 여쭈었습니다.

"세존이시여, 세존께서는 팔만대장경 가운데서 아니 밝히신 말씀이 없습니다. 그런데 어찌 제가 지금 공부를 하고 있는 침구학鍼灸學에 대한 말씀은 없으십니까?"

그러자 양편에 경건히 앉아 계시던 두 보살님이 말씀하시기를 "우리도 병 고치는 침을 하고 있는데"라고 하셨습니다.

이때에 세존께서는 침묵을 지키고 앉아 계시다가 앉으신 자리에서 그대로 조용히 일어서면서 한 손으로 어찌 하시는 순간에 투명한 화작인간 한 분이 앞에 나타났습니다. 그 화작인간의 몸은 투명한 유리처럼 안과 밖이 환하게 다 보였습니다. 영혼 없는 유리 인간이 아니었습니다.

세존이 보여주는 화작인간은 영혼이 없는 사람의 시체를 보여주는 해부학이 아닙니다. 실제로 사람의 마음과 영혼인 정신이 왕래를 하는 생명활동의 상황을 자세히 보여 주셨습니다. 실제로 살아서 생생하게 움직이는 생명의 실상을 그대로 다 보고 깨닫게 하셨습니다.

동시에 인체의 생리구조도 분명하게 모두 보고 깨닫게 하셨습니다. 보다 놀라운 기적이 있었습니다.

저 묘각妙覺의 빛, 성각性覺의 여명黎明으로 생기는 마음의 생원도 자세히 보았습니다.

마치 신비의 영사기로 사물을 담아서 보는 듯 했습니다

지금 우리들이 쓰고 있는 마음摩陰의 그림자인 식심識心
이 번갯불처럼 번쩍이면서 활동을 하는 정신세계의 교통
혼잡도 잘 보았습니다.

저 묘각妙覺의 빛 각성覺性의 여명黎明으로 생기게 된 마
음은 마치 태양의 빛으로 황홀한 저녁노을이 생기듯 했습
니다. 그리고 저 우주와 중생계가 생기는 과정도 잘 보았습
니다.

마음이 고요한 정靜 쪽으로는 무변 허공계가 생기고, 움
직이는 동動 쪽으로는 세계와 중생계가 일어나는 모습도 잘
보았습니다. 필자가 세존께 물어보았던 고전 침구학에 대
해서는 더 자세하게 보여 주셨습니다.

사람의 몸이 어떻게 창조되었는가를 요명하게 보았습니
다. 사람의 몸은 3,321의 원소가 붙어서 생기게 되었으며
사람 몸의 기틀은 삼맥三脉 육경六經 12락絡이 되고 있음도
잘 보았습니다.

고전 침구학 교본인 『황제내경黃帝內經』『소문영추경素
問靈樞經』에서도 명쾌히 밝히지 못한 삼맥三脉 육경六經 12

61

락絡이 생기는 그 생원의 생리를 잘 보았기에 이를 필자가 저술한 모두 『신침입문神鍼入門』에서 다 바로 잡아 놓았습니다.

세존으로부터 이와 같은 영험의 가피력으로 세간법에서는 걸림이 없게 되었습니다.

필자는 마음이 생기게 된 그 까닭을 잘 보았으므로 마음이 생기면 만법이 일어나고 마음을 관하면 만법이 없어짐을 보았습니다. 특히 우주 물리의 기틀이 되고 있는 음양오행陰陽五行이 어떻게 해서 생겼으며, 그 생원의 행위가 어찌해서 일어나는가를 보고는 더 이상 배울 것이 없는 조건 없는 지적인 행복이 무엇인가를 알았습니다.

보다 중요한 제불의 묘법인 12연기법도 구체적으로 알게 되었습니다. 그러므로 지금부터 마음의 생원설과 만물의 영장인 인간이 처음에 어떻게 해서 생기게 되었는가를 얘기해 보겠습니다.

일체유심조一切唯心造

마음의 생원

마음摩陰은 묘각妙覺의 빛 각성覺性의 여명黎明으로 생겼습니다.

하지만 우리는 항상 쓰고 있는 이 마음에 대해서는 별다른 생각을 해보지 않고 살아왔습니다.

다만 너나없이 맘대로 되지 않는 마음에 대해서는 뒤돌아볼 생각이 거의 없습니다. 부모나 스승들도 제대로 잡히지도 않는 마음을 가지고 그 마음을 잘 쓰라는 말만 귀가 아프도록 들어왔습니다. 그래 저래 스스로 쓰고 있는 마음에 대해서는 망각의 무관심으로 뭉개버리고 속 편하게 살아온 형편들입니다. 항차 오늘날 인류 지혜의 첨단 과학도 마음에 관한 한 감감무소식입니다.

그런데 지금 저 태양의 십조 배나 밝은 묘각妙覺을 어떻게 생각이나 해 볼 것이며, 또한 그 묘각의 빛으로 생긴 마음을 어떻게 알고 이해를 시키겠습니까?

그래서 필자는 부득불 의미유추의 논리학으로 설명을 해볼까 합니다. 다만 의미유추의 논리학은 어디까지나 비유일 뿐입니다. 비유를 해서라도 이해만 하면 됩니다.

저 태양의 십조 배나 더 밝은 묘각을 비유할 수 있는 것은 역시 태양밖에는 없습니다.

그래서 묘각의 밝음과 태양의 밝음은 밝다는 측면에서는 서로 공통점이 있습니다. 그 공통점을 예로 들어서 설명을 하면 쉽게 이해가 될 것입니다.

그 공통점에서 태양은 밝은 빛이 허물이 되어서 황홀한 노을이 생겼고, 묘각도 밝은 각성이 허물이 되어서 그 여명으로 마음이 생겼습니다.

위에서 둘 다 밝음이 허물이 되었다는 말씀의 뜻은 밝은 빛이 있기에 상대적으로 황홀한 노을이 생기게 되었다는 얘기입니다. 저녁노을과 같은 마음은 분명히 밝음으로 인해 생긴 허물입니다. 이렇게 상대성으로 생긴 연관관계를 밝음의 허물이라고 세존은 말씀하셨습니다.

만약에 태양이 본래로 밝은 빛이 없었다면 어떻게 황홀한 노을이 생기겠습니까?

이러한 연관관계를 부처님은 허물이라고 말씀하셨습니다. 절대로 묘각妙覺이나 태양太陽에 허물이 있다는 말씀은 아닙니다. 어찌 저 밝은 묘각이나 태양에 허물이 있겠습니까?

다만 부질없는 연관관계의 상대성을 허물이라고 말씀하신 것입니다.

지금부터 태양의 빛으로 생긴 저녁노을이 삼단계로 변이되는 명암의 모습을 미루어 보아 마음의 속성 세 가지가 판이하게 각별해지는 그 성리를 분명히 알아야만 합니다. 제일 중요한 대목입니다. 마음의 속성 세 가지가 생기게 되는 이치를 분명히 알아야만 합니다.

이 마음의 영성 세 가지가 일체 만법이 일어나게 되는 기본이 되고 있기 때문입니다.

그래서 지금부터 마음의 속성 세 가지가 생기게 되는 그

원인을 확실히 알아보겠습니다.

마음의 속성 세 가지 생원설

저녁노을이 처음에는 황홀하게 밝습니다. 그러다가 서서히 어둑해집니다. 어둑하다가 마침내 캄캄해집니다.

이렇게 저녁노을은 세 단계로 밝다가 어둑하다가 캄캄해집니다.

꼭 이와 같은 이치로 묘각의 빛 각성의 여명으로 마음이 생겼습니다. 이 마음 가운데는 세 가지 독특한 영감이 있습니다. 그 영감을 필자는 마음의 세 가지 속성이라 합니다. 그러면 저 속성이 과연 어떻게 해서 성립이 되는가를 잘 들어보세요.

묘각과 같은 태양은 이미 서산으로 넘어갔지마는 천지는 한시적으로 황홀恍惚하게 밝습니다. 이렇게 황홀하게 밝고 환한 영역은 마음 가운데서는 무엇을 깨닫고 아는 의식계意識界가 되었습니다.

그리고 점차로 서서히 어둑하게 혼침昏沈해집니다. 혼침한 이 영역은 마음 가운데서는 잠재의식계潛在意識界가 되었습니다.

그러다 마침내 캄캄하게 어두워집니다. 캄캄하게 암울暗鬱한 영역은 마음 가운데서는 무의식계無意識界가 되었습니다. 바로 이것이 마음의 세 가지 속성이 생기게 된 이치입니다.

이렇게 해서 마음에는 세 가지 영감이 있게 되었습니다.

밝게 아는 의식계意識界와 이리저리 생각하는 잠재의식계潛在意識界와 아무것도 모르는 무의식계無意識界가 마음 가운데 분명히 존재하게 되었습니다.

바로 이것이 마음의 뿌리입니다. 이 세 가지 마음의 뿌리는 마음에서 분열된 세 가지의 영감靈鑑입니다. 이 영감을 고전 침구학에서는 삼맥三脈이라 합니다. 이 삼맥은 일체 모든 생명들이 다 갖고 있는 영혼이란 생명성입니다.

이 세 가지 마음의 속성은 오늘날 생명과학도들이 말하는 세 가지 유전자遺傳子, D·N·A입니다.

다시 말하면 D·N·A는 마음의 속성 삼맥三脈을 표기한 영문입니다. 그러므로 의식意識은 D가 되고, 잠재의식潛在意識은 N이 되고, 무의식無意識은 A가 되고 있습니다.

이 세 가지 영감의 유전자를 고전 침구학에서는 삼맥三脈

이라 하고 성리학에서는 혼魂, 백魄, 신神이라 하고 유교에서는 삼강三綱이라 했습니다.

바로 이 D·N·A 삼맥三脈은 임맥任脈과 독맥督脈과 대맥帶脈입니다. 이 삼맥은 만물의 영장 사람을 창조하고 우주와 세계를 다 창조한 그 누구도 아닌 마음摩陰입니다.

사람을 창조한 삼맥三脈 이야기

마음의 영감인 삼맥은 저 무변 허공계를 빙글 빙글 굴리면서 저 우주와 시방세계를 둥글게 둥글게 만들었습니다.

엄청난 회오리로 우주 세계를 압축시키면서 극미한 우주에너지 3,321을 둘둘 말아서 절구통 같은 사람의 몸통을 만들었습니다.

절구통 같은 몸통을 만들 때에 삼맥이 360도로 심하게 회오리를 치면서 전신에다 360개의 생명의 샘, 혈穴을 만들었습니다. 동시에 남성은 큰 구멍 아홉 개를 만들고 여성은 열 개를 크게 만들어 놓았습니다.

이 모두는 나선형으로 도는 삼맥의 신통입니다.

이 신통으로 배꼽 밑에는 창조의 샘인 큰 블랙홀 성기를 만들고, 상부로 올라가서는 우주를 닮은 화이트홀을 만들었습니다. 이 화이트홀은 곧 두뇌입니다.

음성의 블랙홀은 여성의 성기입니다. 저 성기인 회음혈에서 삼맥이 통일장을 이루면서 전신을 상하좌우로 회오리치며 돌다가 몸통의 사지로 분산이 됩니다. 그러면서 팔과 다리, 수지 족지로 휘감아 돌면서 내려갑니다.

내려가면서 스물스물한 중생 심리를 품고는 이 중생심을 돌돌 말아서는 스무 개의 손가락 발가락을 둥글게 다 만들었습니다. 그리고 손가락 발가락 끝에는 낱낱이 회오리 문양 같은 지문을 다 찍어 놓았습니다.

이 모두는 마음의 세 가지 영감인 삼맥三脉의 신통입니다.

이 세 가지 영감이 무변 허공계를 휘감고 돌면서 시방세계를 굴리는 바람에 대륙의 산천과 초목도 모두가 둥글게 도는 나선형으로 나무도 가지도 잎도 꽃도 다 제 꼴대로 온갖 재롱을 다 피워 놓았습니다.

어찌 그뿐이겠습니까?

마음에서 비롯된 영감인 삼맥三脉은 사방과 육방과 시방으로 허공계를 휘감아 돌면서 둥근 천체들을 다 만들어 놓고는 심지어 눈에 보이지도 않는 미립자까지도 육방으로 춤추는 꽃다발로 다 만들어 놓았습니다.

아, 보라. 석가세존께서 성도를 하시고 곧바로 남기신 유명한 법문이 있습니다.

"만약 누가 삼세의 일체 모든 부처님과 세계와 중생계가 어떻게 창조가 되었는가를 알고자 할진댄 모두가 마음으로 창조된 줄로 알라."

약인욕요지若人欲了知
삼세일체불三世一切佛
응관법계성應觀法界成
일체유심조一切唯心造

심령학心靈學은 수학數學이다

마음이 고요하여 적정寂靜한 편으로는 저 무변 허공계가 되었습니다. 그래서 고요한 적정성寂靜性의 무변 허공계에는 일체가 한 일一자 마이너스로 수평을 이루고 있습니다.

그러므로 저 무변 허공계는 무등등한 마이너스(-)성 허공장이 존재하게 되었습니다.

저 허공장은 항상 고요한 적멸의 상을 하고 있습니다.

그러므로 시방세계는 항상 동서로 마이너스 한 일一자상으로 수평을 이루면서 돌고 있습니다. 해와 달과 같은 천체가 티끌같이 무량하게 존재하지만 항상 하나같이 마이너스(-) 허공장에서 조금도 이탈을 아니 합니다.

그 까닭은 저 무변 허공계에는 일체 모든 존재계가 다 균형을 잡고 고요히 머물러 있을 수 있는 마이너스(-)성 허공장을 이루고 있기 때문입니다. 그러므로 마이너스(-)성 허공장은 저 우주 물리학의 기본입니다.

그래서 하나(一)보다 더 큰 숫자는 없습니다.

하나(一)는 일체를 머물게 하는 무한한 평등성으로 일체를 다 보살펴 주고 있습니다.

저 마이너스(-)장은 무변 허공계를 다 머금고 있는 진공의 장입니다. 그러므로 진공장眞空藏은 곧 무중력장無重力場입니다. 그래서 일체를 자율적으로 스스로 머물러 있게 합니다. 그러므로 마이너스(-)성 허공장虛空藏은 불가사의입니다.

또한 마음이 온溫한 양성의 의식과 냉冷한 음성의 무의식이 서로 오래 상대를 하는 가운데서 중간자 잠재의식이 온냉성溫冷性을 마이너스(-) 허공장을 기준으로 해서 서로 상하로 밀고 당기는 행위로 인하여 저 우주 공간에는 플러스(+)성의 엄청난 중력장重力場이 성립되었습니다.

이 플러스(+)성 중력장重力場이 시방 허공계를 품고 돌면서 망상의 티끌들을 굳혀서는 티끌같이 많은 천체들을 무변 허공계에 뿌려 놓았습니다.

또 마음의 영감靈鑑이 플러스(+)성 사방四方을 감쳐서 돌다가 간방間方으로 진동하는 바람에 육방으로 진동을 하게 되었습니다. 이 바람에 시방세계는 육방으로 진동을 하면서 일체 모든 분자들이 육방으로 유주를 하게 되었습니다.

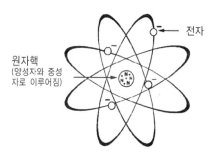

육방으로 요동을 치는 바람에 허공계에는 곱하기 엑스(×)표 변이장變易藏이 생기게 되었습니다. 이 변이장變易藏은 허공계가 무궁무진장으로 확장이 되는 불가사의를 말합니다.

또 마음 가운데서 냉성冷性의 무의식無意識과 온성溫性의 의식意識이 서로 상하로 극렬하게 밀치는 역반작용으로 인해서 저 시방세계를 제자리에서 머물게 하는 마이너스(-)장 위로는 밝은 의식의 회오리 화이트홀이 생기게 되었고, 저 마이너스(-)장 밑으로는 무의식이 만든 블랙홀이 만들어졌습니다. 이로 인해서 저 냉(冷)한 음성陰性과 온溫한 양성陽性이 서로 상하로 돌면서 밀치는 불가사의로 저 무변 허공계에는 분열장分裂藏이 형성되었습니다. 그 분열장의 생태는 꼭 나누기(÷)표와 같습니다. 이 분열장이 저 무변 허공계에 성립되면서 빛이 있는 허공계로는 화이트홀이 생겼고, 빛이 없는 허공계로는 블랙홀이 존재하게 되었습니다. 나누는 분열장의 심리로 밝은 의식의 환상 세계로는 화이트홀인 천당이 되었고, 그리고 어두운 무의식의 환각 세계로는 흑암의 블랙홀 지옥이 생기게 되었습니다.

이런 까닭으로 모든 종교에서 말하는 환상의 천당과 환각의 지옥은 실재하게 되었습니다.

아, 보라. 이와 같이 빼고(-) 더하고(+) 곱하고(×) 나누는 (÷) 성리가 무변 허공계에 가득하면서 세계와 중생계에는 끝없는 생生(+), 주住(-), 이異(×), 멸滅(÷)을 거듭하게 되었습니다. 이 네 가지 성리로 말미암아 만물과 중생은 항상 괴롭고, 공하고, 무상하고, 내가 없는 고뇌를 끝없이 받게 되었습니다.

음양오행陰陽五行의 생원설生原說

음양오행陰陽五行에서 금金의 생원을 알기가 가장 어렵습니다.

저 금金은 우주를 보호하고 지키는 허공장의 에너지(元氣)입니다. 그래서 원기元氣를 우주의 자기장磁氣場이라 합니다.

우주의 자기장은 전기 에너지 입자粒子입니다. 입자粒子는 곧 진공眞空입니다. 저 입자는 너무나 작아서 십조 분의 일㎜밖에 안 됩니다. 이렇게 작은 극미진極微塵의 진공眞空을 부처님은 허공의 비늘이란 뜻으로 인허진鱗虛塵이라고 말씀하셨습니다. 이미 부처님은 진공眞空도 티끌로

76

보셨습니다. 그러므로 금金은 물질도 아니고 원소도 아닙니다.

다만 이것을 각자들은 원기元氣라 하고 음양오행학陰陽五行學에서는 이 원기를 금金이라 했습니다. 금金은 저 무변 허공계를 잘 보호하고 유지시키는 자기장입니다. 저 금성의 자기장이 시방세계를 두루 보지保持하면서 돌고 있다고 해서 이를 금륜金輪이라 합니다.

금보金寶가 생길 때

묘각妙覺의 밝음은 태양 빛의 십조 배나 밝은 황금빛입니다.

이 황금빛이 마음으로 생긴 저 무변 허공계를 세월없이 비추는 과정에서 저 무변 허공계는 황금색으로 물들게 되었습니다.

누런 황금색으로 허공의 입자가 염색되면서 허공계에는 손바닥으로 허공을 흔들면 손바닥에 걸리는 마찰감을 느끼는 견애堅碍의 성품이 생기게 됩니다.

이렇게 굳게 걸리는 견애의 성은 저 우주를 든든히 붙들고 지탱케 하는 자기장입니다. 이 자기장을 금金이라 하고 오행五行에서는 금金을 기본으로 삼고 있습니다.

만법의 기본이 되는 금金의 생원을 쉽게 이해할 수 있는 비유가 있습니다.

태양 빛에다 하얀 종이를 오래 비추게 되면 하얀 종이가 점차 누렇게 황금색으로 변색이 되어 가는 것을 우리는 흔히 볼 수 있습니다.

다시 말하면 저 묘각妙覺의 빛으로 무변 허공계가 황금색으로 물드는 것입니다. 허공이 누런 황금색으로 변이되면서 허공에는 든든히 걸리는 견애의 성품이 생기게 됩니다. 이 견애의 성품인 금성金性은 저 우주를 보호하고 잘 유지시키는 지극히 소중한 보배라 해서 금보金寶라 합니다. 저 금보金寶가 시방세계를 두루 품어 안고 허공계를 굴린다고 해서 금륜金輪이라 합니다. 이 금륜金輪을 음양오행학陰陽五行學에서는 금金이라 합니다.

금金은 본래로 묘각妙覺의 빛으로 생겼으므로 저 무변 허공계와 제불세계도 모두 금보金寶의 불가사의로 존재하고 있습니다. 그러므로 모든 사원에서는 불상에 도금鍍金을 합니다. 도금鍍金을 하는 그 까닭은 금金 자체가 묘각의 빛에서 나왔고, 또한 금金은 묘각여래妙覺如來의 불성佛性을 그대로 닮아 영구불변성을 가지고 있기 때문입니다.

행위行爲의 신神 풍목風木이 생기게 된 까닭

음양陰陽을 무명無明이라 합니다. 이 무명無明에서 일어난 행위行爲를 풍목風木이라 합니다.

행위인 풍목風木은 만류가 생겨나게 된 기본입니다.

그래서 음양학에서는 오행의 금金과 목木을 우선적으로 대비시키고 있습니다. 그 이유는 금金과 목木은 만법생원의 시원이 되고 있기 때문입니다.

그렇다면 저 목木은 과연 어떻게 해서 생기게 되었을까요? 그 까닭을 밝혀 보겠습니다.

음양陰陽의 성격은 명암明暗인 동시에 성질은 냉冷·온溫입니다.

냉한 음성陰性은 무의식無意識입니다. 그리고 온溫한 양성陽性은 의식意識입니다. 이 음성과 양성의 성질은 참으로 특별합니다.

그 특별난 성질이란 같은 것은 서로 밀어내고 다른 것을 서로 끌어당기는 성질을 말합니다. 이 같은 동반이합同反異合의 속성을 가지고 있습니다.

음양의 속성을 동반이합同反異合이라고 하는 말은 필자가 명명한 바입니다. 서양철학에서는 정반합正反合이라 합니다.

그런데 그 가운데 이상한 중성이 있습니다. 이 중성은 반도체와 같습니다. 온溫도 냉冷도 아닌 이 중간자中間子는 곧 잠재의식潛在意識입니다. 이 잠재의식이 음양의 중간에서 이쪽저쪽을 밀었다 당겼다 하는 성질로 양면을 자극합니다. 저 중간자의 자극을 받은 음성과 양성은 서로 밀고 당기는 행위行爲를 합니다. 이 행위로 풍동목風動木이 생기게 되었습니다.

이렇게 해서 일어난 엄청난 바람이 시방세계를 감싸고돌기 때문에 시방세계가 유지된다고 합니다.

이렇게 시방세계를 감싸고도는 바람을 풍륜風輪이라 하고, 이 풍륜風輪을 오행에서는 목木이라고 이름했습니다.

바로 이것이 풍목風木을 행위의 신神이라 해서 고인들은 목신木神이라 했습니다. 이것이 오행五行의 목木이 생기게 된 까닭입니다.

불(火)이 생긴 까닭

저 행위行爲로 말미암아 일어난 바람(木)이 묘각妙覺의 빛으로 굳어진 자기장(金)을 엄청난 풍력으로 강력한 마찰을 시키므로 해서 전기 에너지(火)가 일어났습니다.

이 화火가 시방세계를 두루 머금고 있으면서 온갖 조화의 꽃을 피운다고 해서 조화의 신神이라 하고 시방세계를 싸고 서 돈다고 해서 화륜火輪이라 합니다.

이것이 화火가 생기게 된 까닭입니다.

생명의 물 수水가 생긴 까닭

이미 일어난 저 불 에너지(火)가 시방세계에 두루 하면서 온갖 조화에 꽃을 피웁니다. 이 조화의 신 불(火)이 우주를 윤택하게 하고 있는 차고 냉한 자기장(金)을 맹렬한 열기로 훈증을 하게 됩니다. 이 열기로 차고 냉한 금보金寶를 찌게 됨으로 해서 무변 허공계를 두루 머금고 있는 차고 냉한 금륜金輪에서 축축한 물기가 일면서 곧 물(水)이 생기게 됩니다.

이 물이 시방세계를 두루 머금고 있으므로 수륜水輪이라 하고 또한 이 물이 일체를 윤택하게 하고 중생들의 생명의 물이 되고 있으므로 물을 수신水神이라 합니다.

이렇게 해서 오행五行에서 말하는 수水가 생기게 되었습니다.

토土가 생기게 된 까닭

그리고 또 저 같은 금보金寶에서 일어난 수水와 화火가 마주치면서 서로 밀치는 역반작용으로 인해서 저 우주에는 엄청난 중력장重力場이 생기게 되었습니다.

이 중력장重力場이 무변 허공계에 가득한 번뇌 망상의 티끌들을 둘둘 말아 굳혀서 생긴 것이 저 허공에 가득한 천체들입니다. 그러므로 흙(土)의 본성은 식심 분별의 망상입니다. 이 망상의 티끌이 시방 허공계를 두루 머금고 돌고 있으므로 토륜土輪이라 합니다.

저 토륜土輪은 바람(木)과 불(火)과 물(水)이 절대로 이길 수 없으므로 토신土神이라 합니다.

이것이 오행의 흙인 토土가 생기게 된 까닭입니다. 그러므로 흙(土)의 기운이 많은 편은 대륙大陸(土)이 되었고, 물 기운이 많은 편은 대해大海가 되었습니다.

또 불 기운이 우세한 편으로는 흙을 밀어 올려서는 높은 고산高山이 되었습니다. 그리고 또 불 기운이 물과 흙 기운보다 더 많으면 흙이 굳어서 돌이 되었습니다.

그래서 돌은 녹으면 물이 되고 돌을 마주 치면 불꽃이 일어나고 돌이 분해되면 다시 흙으로 돌아갑니다.

또 물 기운이 흙과 불 기운보다 더 많으면 물이 불과 흙을 밀어 올려서 초목이 됩니다.

그래서 초목을 짜면 물이 나오고 나무를 비비면 불이 일어나고 초목이 타면 재가 되어서 다시 흙(土)으로 돌아갑니다. 그러므로 수水와 화火와 토土가 서로 만나면서 그 기운이 더 세고 더 약함에 따라서 만물이 온갖 조화를 지으면서 생生, 주住, 이異, 멸滅을 상속하고 있습니다.

이 얘기의 뜻은 필자의 말이 아닙니다. 『수능엄경』에 다 있는 부처님의 말씀입니다.

경문은 참으로 난해합니다. 난해한 경문은 번역도 어렵고 의역도 어렵습니다. 하지만 언어유희인 이야기로는 이

렇게 설명이 됩니다. 그러나 저러나 불지佛智와 여래지如來
智의 가피력이 없으면 읽어도 모를 뿐입니다.

삼맥三脉의 불가사의不可思議

　위에서 음양오행 생원설을 먼저 밝힌 이유가 있습니다. 일체 만법이 생멸하는 근본은 바로 행위에 있습니다. 그러므로 그 행위가 과연 어떻게 해서 시작이 되었는가를 먼저 알아야만 만법에 근본 뿌리가 보입니다. 그래서 음양오행 생원설을 먼저 밝혔습니다. 우주의 물리뿐만이 아니고 사람의 생명활동도 음양오행의 철리로 다 돌아가고 있습니다.

　음양오행의 속성은 이상하게도 서로 도와주면서(相補) 서로 밀어버리는(相剋) 작용을 합니다. 상극을 하면서 서로 살아가는 상생相生을 합니다. 이러한 섭리로 모든 생명들이 생동을 합니다. 바로 그 음양오행의 행위를 그린 도표가 있습니다. 이를 잘 기억해 두어야 합니다.

상극도

그러면 지금부터 사람의 생리를 밝히겠습니다.

삼맥三脉은 의식계의 독맥督脉과 무의식계의 임맥任脉과 잠재의식계의 대맥帶脉입니다. 이 삼맥三脉은 곧 깨닫고 아는 각성覺性이 통행을 하는 터널입니다.

독맥督脉은 의식계意識系로 운동신경계運動神經系를 총감독합니다.

대맥帶脉은 잠재의식계潛在意識系로 자율신경계自律神經系를 주관합니다.

임맥任脉은 무의식계無意識系로 미주신경계迷走神經系를 관장하고 있습니다.

이 삼맥三脉이 통하는 맥脉은 깨닫고 아는 각성覺性의 터널입니다.

이 세 개의 터널은 모든 것을 두루 다 깨닫고 다 아는 불가사의 한 각성覺性이 통하는 맥입니다.

삼맥三脉은 창조의 신神

마음의 세 가지 영감은 의식과 잠재의식과 무의식입니다. 이 세 개의 삼맥은 다 마음에서 나왔습니다.

바로 이 삼맥三脉이 영물인 사람을 창조해 내었습니다.

이 삼맥三脉은 성기가 되는 블랙홀 회음會陰에서 동시에 일어납니다. 회음에서 일어난 독맥督脉은 척추를 타고 정수리로 올라가서는 두뇌가 되고 있는 화이트홀 백회혈百會穴에서 꽃을 피웁니다.

그리고 대맥帶脉이 만든 신기루 홀은 배꼽의 신궐혈神闕穴입니다.

임맥任脉이 만든 블랙홀은 곧 성기가 되는 회음혈會陰穴입니다.

물론 이 세 개의 홀은 다 마음이 만들었습니다.

화이트홀은 의식계가 만든 환희의 홀입니다. 그래서 청

정한 각성의 절정에서는 깨달음의 환희가 일어납니다. 그리고 잠재의식이 만든 신기루 홀 배꼽에서는 환상의 황홀이 일어납니다. 그래서 대개의 사상가들은 환상에 사로잡혀서 서글프게 살다가 비참하게 죽습니다.

무의식이 만든 블랙홀 성기에서는 환각의 오르가슴이 일어납니다. 그래서 모든 정신병은 성희로 옵니다. 이것이 삼맥의 불가사의 홀입니다.

이 삼맥이 몸에서 처음 일어난 곳은 무의식의 블랙홀 회음혈會陰穴입니다. 그래서 일체중생은 성으로부터 꼼짝을 못합니다. 이 회음혈會陰穴의 정확한 위치는 여성의 경우는 바로 자궁이 됩니다. 남성의 경우는 항문과 성기 사이 이분의 일의 지점입니다.

여기 이 회음혈會陰穴에서 삼맥三脉이 동시에 일어났습니다. 동시에 일어나서는 독맥은 등 뒤로 올라 두부로 가고, 임맥은 배꼽을 지나 면부로 오릅니다.

이 삼맥三脉 중에서 대맥帶脉이 온갖 별난 신비를 다 창조해 냅니다. 이 특별한 대맥帶脉은 복부의 임맥任脉과 등 뒤의 독맥督脉을 따라서 앞뒤로 두 가닥씩 네 가닥이 배꼽과 등 명문혈까지 동행합니다.

동행을 하면서 배꼽과 명문혈까지 올라온 임맥任脉과 독맥督脉을 자신의 대맥帶脉과 둘둘 말아서 삼위일체를 만듭니다.

  삼맥三脉이 삼위일체로 감쳐 돌면서 하나의 다발을 만듭니다. 이 삼맥의 다발이 대맥의 터널을 중심으로 해서 상하좌우로 전신을 회감아 붙입니다.

  삼맥이 전신을 휘감고 돌면서 사람의 기본 틀인 오대를 만듭니다. 한편 삼맥의 한 가닥이 독맥을 따라 두정의 백회혈로 둘둘 말려 올라가서는 불가사의한 의식계의 화이트홀을 만들었습니다. 이 혈穴을 백회百會라 합니다.

  그러므로 백회혈 부근에는 누구나 나선형의 가마가 둥글게 돌려 있습니다. 다시 이 삼맥의 일지 독맥이 면부로 내려와서는 면상에다 육감을 그려내는 온갖 인상을 창조해 냅니다.

  또 미주신경계를 관장하는 임맥任脉은 복부로 올라가서 배꼽에서 상행을 하다가 면부 아랫입술 승장혈承漿穴에다 나선형의 턱수염을 그려 놓습니다.

  또한 대맥帶脉은 임任·독맥督脉을 하나로 묶어서 돌다가 한 가닥은 앞과 뒤로 돌아서 족지로 내려가고, 또 한 가닥은 상행을 해서 수지로 돌면서 내려갑니다.

이 대맥이 나선형으로 전신의 안과 밖을 감쳐서 돌기 때문에 전신에는 횡문이 생기게 되었습니다.

저 무서운 토네이도처럼 대맥이 돌고 돌면서 면부로 가서는 다섯 개의 큰 구멍 오관을 뚫고, 그 안에다 오관의 기관을 창조해 내었습니다.

그리고 다시 머릿속으로 들어가서는 좌뇌 우뇌와 간뇌를 만들고 모든 미세한 신경계에다 좌우상하 역반작용을 하도록 신경계를 반대로 꼬아 놓았습니다.

동시에 얼굴 면부로 나와서는 이耳, 목目, 구口, 비鼻도 양편으로 갈라놓는 등 온갖 반작용의 신비를 창출해 놓았습니다.

저 대맥帶脉의 신비로 양 눈과 눈썹 사이 인당에다가는 온갖 감정 표현을 자유자재로 할 수 있게 해놓았습니다.

나선형으로 도는 대맥의 불가사의로 얼굴에는 굴밖에 없습니다. 그 굴 안에 갇힌 정신신경의 공원을 면부에다 잘 설정해 둔 것도 불가사의입니다.

다시 젖가슴에 있는 단중혈穴과 등의 심유혈心兪穴을 중심으로 해서 앞과 뒤로 원형으로 삼맥이 교감이 되면서 대맥帶脉의 두 가닥은 양 팔로 나선형으로 돌면서 내려갑니다. 심하게 돌면서 양 팔로 내려가서는 둥근 방망이 같은 양 팔뚝을 만들고 수지手指로 내려가서는 열 손가락 끝마다 둥글게 도는 나선의 회오리를 다 뽑아내었습니다.

그리고는 그 마지막 열 손가락 끝에다가는 자신의 인장인 지문을 골고루 다 찍어 놓았습니다.

이렇게 대맥은 두부에다가 좌뇌와 우뇌의 정신 신경을 전부 반대로 교감을 시켜 놓았는가 하면 간뇌의 중추에도 상하 반대로 모든 신경을 교감을 시켜 놓았습니다.

이 같은 대맥의 불가사의로 좌뇌나 우뇌에 이상이 생기면 육신에는 벼락같이 좌우 반신 불수가 되는 마비성 질환이 일어나게 됩니다.

한편 몸의 중심이 되는 대맥 터널을 경계로 해서 상하 반신 마비가 되는 불가사의도 다 대맥의 장난입니다.

중뇌와 대맥의 신경이 모두 반대로 교감이 되어 있기 때문입니다. 그래서 중뇌와 대맥에 이상이 생기면 벼락같이 몸의 상하 반신을 못 쓰게 됩니다.

대체로 소아마비성 질환이 모두 저 대맥의 부조화에서 온 것입니다.

또 대맥帶脉이 대맥의 터널 밑으로 하행하면서 삼맥을 하나로 뭉쳐서는 성기로 휘감고 들어가서 여성의 블랙홀인 자궁을 만들고, 휘몰아 돌출하면서 남성의 고환과 신두를 만들어 놓았습니다.

그러므로 성기의 육질은 모두가 나선형 섬유소로 다 뒤틀려 있습니다. 한편으로 남성의 성기를 밖으로 돌출시킬 때에는 삼맥을 말아 붙인 대맥이 엄청난 폭력을 휘두릅니다. 그래서 모든 남성은 성문제에 관한 한 폭력을 동원합니다.

그러므로 모든 폭력성 비극은 거의가 성행위에서 옵니다. 바로 이것이 삼맥의 불가사의입니다.

그래서 의식의 절정에서는 환희의 깨달음이 일어나고, 성폭력의 절정에서는 미친 환각의 살인이 일어납니다.

그런가 하면 다행히도 저 배꼽과 가슴에서는 사랑의 신기루 자비가 일어납니다.

태초에 경이 있었습니다. 불경도 성경도 아닙니다.

까마수트라인 성경性經입니다. 또한 나를 아는 『황제내경黃帝內經』입니다. 고전 침구학古典鍼灸學입니다. 이는 다 BC 4500년 전의 기록입니다.

진실로 나를 아는 경전들입니다. 그러므로 국가는 하루 속히 고전 침구학을 온 인류가 다 배우게 하십시오. 이 길만이 온 인류가 참으로 내가 누구인가를 아는 지혜의 길이기 때문입니다.

침·뜸은 법치권 외로 돌려라

일부 집단이기주의자들이 참뜸은 아무나 할 수가 없다고들 헛소리를 합니다. 그렇다면 하나만 물어 봅시다.

사람이 뜻밖에 차량 사고나 화재로 몸에 피해를 당할 때에도 그대들이 그렇게도 신성시하는 침·뜸자리는 용케도 다 피해 가면서 다치고 화상을 입게 됩니까?

제발 언어 망발은 그만들 하세요.

세계만방에서 전통적으로 전수되고 있는 수많은 민간요법들은 생사의 갈림길에 처한 인생을 살리는 천금비방들입니다. 죽은 자를 살리는 천금같은 비방들은 어느 특권 집단이 소유할 수가 있는 성질도 아닙니다. 국가는 더더욱 보호

육성을 해야 할 당연한 의무가 있을 뿐입니다.

그러므로 민간요법은 법치권 외로 돌려놓으세요.

만약에 외진 산촌에서 아이들이나 어른이고 간에 갑자기 사람이 숨을 멈추고 졸도를 했을 경우에 말입니다.

그때도 먼 데 있는 119를 부를까요?

저 멀리 있는 병원에 의사 양반들을 부를까요?

사람이 숨을 못 쉬는 상태로는 5분 이상이 경과하게 되면 산소 부족으로 사람의 뇌가 상한다는 사실은 일반 사람들도 다 잘 알고 있습니다. 그렇다면 사경을 헤매는 절박한 위기를 맞고 있을 때에는 과연 어떻게 하면 좋을까요?

무얼 어떻게 합니까? 우리 조상의 지혜를 좀 빌리십시오.

사람의 생명이 촌각을 다툴 때는 누구나 저절로 나오는 말이 있습니다. 무슨 뾰족한 수가 없느냐고 말입니다.

그 뾰족한 수는 침鍼입니다. 침보다 더 뾰족한 물건은 없습니다. 뾰족한 것이 침 말고 또 무엇이 있겠습니까?

뾰족한 바늘도 좋고, 만약에 산중이라면 아카시아 가시 같은 것도 좋습니다.

이때를 대비한 조상의 지혜가 있습니다.

위급할 때 사람을 살리는 구급혈求急穴이 있습니다. 죽은 자를 구하는 아홉 군데 침혈鍼穴 자리가 있습니다.

이를 구침회양혈九鍼廻陽穴이라 합니다.

먼저, 양 손등에 있는 합곡혈合谷穴입니다. 합곡혈은 인지人指와 무지拇指를 딱 펼쳐서 손등 쪽으로 푹 꺼진 자리 아무 데나 찌르세요.

또 두 발등으로 가봅시다. 역시 무지拇趾와 이지二趾 사이입니다. 이 자리를 태충太衝혈이라 합니다. 엄지발가락 사이를 아무 데나 찔러 주세요.

실신한 사람은 대체로 얼굴색이 하얗게 창백합니다. 창백한 사람은 제외하고, 만약 거무죽죽, 푸르죽죽, 혹은 불그죽죽한 사람의 경우는 무조건 열 손가락 열 발가락을 다 따주세요. 따줄 때는 손톱 발톱 옆을 찔러서 피를 좀 내주면 금방 다 깨어납니다.

단 손·발가락, 손톱 밑 지복은 안 됩니다.

다수가 깨어나도 혹 뇌막염을 앓거나 심한 두통이 올 수가 있습니다.

또 양 손바닥 중심에 있는 노궁혈勞宮穴입니다.

굳이 손바닥 복판을 어렵게 찾지 마시고 중지를 구부리면 중지 손가락 끝이 닿는 부위입니다. 그러나 저러나 아무 데나 급할 때는 찌르든 뜸을 하세요. 그러면 죽은 자가 거 짓말같이 후닥닥 털고 일어납니다.

다만 숨을 멈춘 지 20분 이상이 경과한 사람은 절대로 손을 대지 마시고 119를 불러서 큰 병원으로 보내세요. 그래야 후환이 없습니다.

또 두 발바닥 밑입니다. 발바닥을 뒤집어서 보면 무지拇趾와 이지二趾 사이에서 발바닥 쪽으로 사람 인人자 같은 인자문人字紋이 있습니다. 그 인人자 같은 발바닥 금 인자문人字紋의 중심에다가 찌르든 뜸을 하세요. 급할 때는 무슨 발금 찾는다고 시간 낭비하지 마시고 발바닥 아무 데나 찌르든 담뱃불로 지지세요. 특히 물에 빠져서 금방 익사를 한 환자의 경우는 담뱃불이든 뭐든 가리지 마시고 뾰족한 핀 같은 것으로 아무 데나 찌르고, 또는 불로 지지세요.

그러면 벼락같이 물을 먹은 대로 다 토하면서 후닥닥 깨어납니다.

벌써 여덟 군데를 다 얘기했습니다. 어째서 여덟 군데인가 하면 사지에 각각 두 군데에 있는 혈이 상하로 있기 때문입니다.

마지막 한 군데는 윗입술 중앙 인중혈人中穴입니다.

사람이 갑자기 인사불성人事不省이 되었을 때는 누구나 쉽게 찌를 수가 있는 혈 자리입니다. 다만 어린아이는 안 됩니다. 아이들은 앞에서 말한 혈자리를 이용하세요. 특히 아이들을 뜸은 피해야만 합니다. 이를 구침회양혈九鍼廻陽穴 이라 이름 합니다.

구침九鍼은 아홉 군데를 찌른단 말입니다. 그리고 회양혈 廻陽穴이란 말은 태양빛이 못 미치는 염라국에 있는 영혼을 태양이 빛나는 밝은 이 세상으로 데려온다는 의미로 쓴 문 자입니다.

필자는 저서마다 급할 때 잘 써먹을 수가 있는 조상의 지 혜를 한두 개씩 밝혀 놓았습니다.

독자들 중에서 필자의 책을 읽고 급할 때는 어떻게 하면 좋다는 구급처방의 글을 읽고 기억을 했다가 의식불명이 된 사람에게 그대로 실행을 했더니 감쪽같이 깨어나더라는 체험 사례의 이야기를 후일 듣고 참으로 감사했습니다. 죽 은 사람을 살렸다는 저 기쁜 소식에 감사해 한 이 심정이 무엇인가를 이 나라에 지도자들은 꼭 알아 주었으면 합니 다. 모든 사람들을 내 몸에 피붙이같이 생각하는 이 가련한 사람의 심정을 말입니다.

필자가 통도사 금강계단에서 세존을 친견한 이 후로 곧 바로 쓴 책이 『신침입문神鍼入門』입니다.

만약에 『신침입문神鍼入門』이란 이 책이 영문으로 번역되어서 세계로 전해진다면 침구학계뿐만이 아니고 아직도 유치원 차원도 못 되는 우주물리학계와 의학계와 정신 심리학계에서는 필자의 학설이 콜럼버스가 신대륙을 발견한 말 같잖은 희소식 같은 얘기로는 게임도 안 될 것입니다.

필자의 모든 저서는 인류의 지혜를 다 담고 있습니다.

곧 세존의 지혜를 밝히고 있기 때문입니다.

필자는 통도사 금강계단에서 세존님을 뵈온 이후로 여러 곳에서 많은 강의도 했고 많은 저서도 내었습니다.

이때부터 마음의 생원설과 세계와 중생이 생기게 된 까닭과 모든 생명의 진실을 여러 저서에서 직·간접적으로 약간씩은 다 남겼습니다. 지금 이 가지산加持山 이야기의 내용도 다 부처님의 가피력입니다.

사람이 창조될 때

저 하늘에는 천둥과 번개가 있습니다. 사람에게도 천둥 번갯 불과 같은 오르가슴이 있습니다.

천둥 번갯불이 일어날 때의 모습을 잘 보라.

빛이 수직으로 번쩍 할 때는 눈부신 불빛이 사람의 표본이 되는 신경계 계보로 번쩍입니다. 번개가 사람 인人자 형으로 번쩍 하고 나서 그 여지의 불빛이 찌찍 하고 찢어지는 광선의 지선들을 잘 보세요. 우리의 몸에 있는 주신경계와 혈관의 모습과 무엇이 다릅니까?

전광의 지선들은 사람의 혈맥과 미세한 신경선까지도 오솔길처럼 그려냅니다. 보다 신기한 것은 그 번개 불빛의 지선들은 사람의 혈관처럼 갈 지之자로 번쩍인다는 점입니다. 큰 불덩이 하나가 공중에서 번쩍 하는 초점은 분명 사람의 머리통 같은 원 점입니다. 그리고 찌쩍 하면서 하지로 번쩍하는 지선을 보면 인체 신경의 구조와 어찌 그리도 유사합니까? 심지어 사람의 전신에 얽힌 신경계보도 빛으로 도설圖說을 합니다. 이것은 마치 일체중생들이 성희의 절정에서 전신으로 번지는 오르가슴의 전율과 흡사합니다.

성희의 전율이 전신을 누비고 지나갈 때의 영감과 천둥 번갯불이 허공에서 사무치는 불빛의 영상은 서로 너무나 닮아 있습니다.

성기의 마찰로 일어난 정신신경의 전율도 우선은 두뇌에서 발작이 되어서는 사지로 사무칩니다.

이 순간에 일어나는 아쉬운 성희로 일체중생은 다시없는 쾌통으로 몸서리를 칩니다. 몸서리치는 순간에 그대의 모든 종성이 저에게 모두 입력이 되는 애물이 사정이 됩니다. 이때에 그대의 모든 것이 상대에게 유전이 됩니다.

입력된 그 유전자遺傳子를 DNA라 합니다. 이 유전자의 속성은 의식의 D와 잠재의식의 N과 무의식의 A입니다.

그러므로 유전자는 누구도 속일 수가 없습니다. 바로 그 동물의 종의 도장이기 때문입니다.

종성이 유전되는 숨간息間의 환각은 일체중생들이 언제까지나 못 버리는 쾌통의 미련입니다. 이 쾌통의 미련은 그 누구에게도 만족될 수 없는 영원한 허무입니다. 이것이 애류중생들이 끝없는 애욕의 아쉬움에서 벗어나지 못하는 허무입니다. 이 같은 허무의 아쉬운 미련으로 말미암아 저 동물들의 성기 회음會陰에는 뱀 같은 긴 꼬리가 달려 있게 되었습니다. 그러므로 일체중생은 성애의 절정에서 일어나는 번갯불 같은 신경성 전류로 생기는 오르가슴의 환각을 잠시도 잊지 못합니다.

그 환각으로 몸서리치는 간질성 황홀은 끝없는 허무의 신음소리일 뿐입니다. 이와 같이 허무맹랑한 오르가슴의 환각을 무진장 탐하는 성희의 욕구로 부질없는 중생계는 연연상속을 하고 있습니다. 다만 번갯불 같은 성희가 말입니다.

필자는 통도사 금강계단에서 세존님을 뵈온 후로 여러 곳에서 많은 강의도 했고 많은 저서도 내었습니다.

이때부터 마음의 생원설과 세계와 중생이 생기게 된 까닭과 모든 생명의 근본을 여러 저서에서 직·간접적으로 약간씩은 다 남겼습니다. 지금 이 가지산加持山 이야기의 내용도 다 부처님의 가피력입니다.

또한 수능엄경은 스님들도 능엄마라 할 정도로 참으로 어렵고 난해한 경전이라 합니다. 그렇게 어려운 수능엄경도 우리말로 쉽게 의역을 다 해 놓았습니다.

이 모든 앎은 다 지금 통도사 금강계단에서 필자가 석가세존님으로부터 받은 여래 삼밀如來三密의 가피력임을 밝힙니다.

불법은 삼밀가지三密加持로 전수

　석존의 법은 삼밀가지三密加持로 이 세상에 전수가 되어
왔습니다. 필자가 펴고 있는 이 삼밀가지의 학설은 금시초
문일 수도 있습니다. 이 모든 학설의 자료는 다 여러 불전
설화집에서 취집을 한 내용들이기 때문입니다.

　역사에도 정사正史가 있고 야사野史가 있습니다.

　불전에 있어서도 정사正史와 같은 불경佛經이 있고 야사野
史와 같은 불전설화집佛傳說話集이 있습니다.

　지금 필자가 펴고 있는 가지산 이야기는 전설의 고향 같
은 구비문학 계보에 속합니다.

　하지만 진리를 밝히는 데는 그것이 정사든 야사든 어떤

유형의 가설이든 간에 무슨 큰 의미가 있습니까?

중요한 것은 어떤 유형의 언설문자나 수화를 써 가면서라도 소중한 진리를 전할 수 있으면 되는 것입니다.

마치 벌은 무슨 꽃에서라도 꿀만 취해 오면 되는 것입니다. 그 벌의 종성과 어떤 종류의 꽃이 뭐 그리 소중합니까?

마찬가지로 우리는 잃어버린 부처님의 소중한 진리의 참뜻을 찾아서 그것을 세상에 전하기만 하면 됩니다.

필자가 펴고 있는 '여래삼밀가피임지如來三密加被任智'라고 하는 경문의 내용을 구체적으로 밝힌 논문이나 구전은 없습니다.

다만 필자가 불전설화집을 참고로 해서 여래 삼밀如來三密의 참 뜻을 지금 밝히고 있습니다.

가섭 존자의 탄생 설화

인도의 갑부인 가섭 장자에게는 자식이 없었습니다. 대궐 같은 집 안마당에는 크고 우람찬 필발라수라고 하는 늙은 나무 한 그루가 하늘을 가리고 높이 솟아 있었습니다.

가섭 장자 내외는 이 필발라 나무의 신에게 자식 하나만 점지해 달라고 십 수 년 동안 빌었습니다.

그런데 다년간 수신에게 온갖 정성을 다하면서 기원해 보았으나 신령스러운 꿈 한 토막도 얻지를 못했습니다. 그러자 가섭 장자 내외는 작심을 했습니다. 올해로 마지막 제삿날이 될 것이란 결심을 했습니다.

그래서 톱과 도끼를 제사상 앞에다가 얹어 놓고 이렇게

수신에게 발원을 합니다.

"필발라 수신님은 잘 들으시오. 우리 내외는 당신에게 자식 하나만 점지해 달라고 빌기를 올해로 꼭 20년이 되었습니다. 그런데 바라는 자식이 있으면 있다 없으면 없다고 한 토막 꿈 같은 선몽도 없었소.

그러니 만약 오늘 하루 낮 하룻밤 안으로 우리 내외의 간절한 기도를 들어주지 못한다면 당신의 무능력을 벌주기로 했소이다. 그래서 여기 톱과 도끼를 준비한 것입니다. 그러니 제발 필발라 수신님은 오늘 하루 낮 하룻밤 내로 신험을 좀 보여 주소서."

그러면서 장자 내외는 극진한 예물을 신단에 산더미처럼 차려놓고 큰절을 수없이 하며 간절한 정성을 올렸습니다.

이제 곧 절단이 될 신세는 필발라 수신樹神이었습니다.

당장 일도양단을 해버리겠다고 벼르는 저 장자의 무서운 분노를 오늘 어떻게 감당하느냐 하는 고민에 빠졌습니다.

수신의 입장으로 생각을 해보면 정말로 답답했습니다.

필발라 수신인 자신이 세상의 인간들에게, 나에게 빌면 아들딸을 준다고 약속한 기록문을 남긴 일도 없습니다. 그리고 신의 능력으로도 남의 자식들을 주고 빼앗을 수 있는

109

어떠한 위신력이나 권한을 행사할 수는 없습니다.

그런데 자신에게 당장 아들딸을 달라고 하니 수신은 실로 기가 막혔습니다.

그렇다고 신神의 신통력으로는 인간들하고 대화도 쉽지 않고 해서 생각다 못한 수신은 자신의 직속상관인 사천왕님께 올라가서 부탁을 드려 보기로 했습니다.

사천왕궁으로 급히 올라간 수신은 천왕님께 자신의 딱한 사정을 말씀드렸습니다. 듣고 있던 천왕이 곧 천안天眼으로 사주 세계를 살펴보니 가섭 장자의 집에 가서 태어날 만한 복된 인물이 하늘과 땅 사이에는 하나도 보이질 않았습니다.

"내 관할권인 우리 사주 세계에는 가섭 장자의 집에 태어날 만한 자식은 하나도 없네. 그러니 내 상관이신 제석천왕님께 말씀을 드려볼 터이니 같이 가세."

사천왕은 수신을 데리고 함께 제석천궁으로 갔습니다.

천궁으로 가서는 제석천왕을 뵙고 난처한 입장을 다 말씀드렸습니다.

저 높은 하늘로 올라갈수록 인간 세상과는 달리 못돼먹은 권위주의가 아닙니다. 자신이 거느리고 있는 하늘만큼

110

이나 대자대비주의입니다. 대자대비주의이므로 사천왕보다도 더 따뜻하고 더 중생들을 불쌍히 여기시는 제석천왕은 두 신의 난감한 형편을 다 듣고는 곧바로 선정禪定에 드셨습니다. 선정에서 보이는 혜안으로 삼십삼천을 두루 다 살펴보시고 나서 하시는 말씀이

"내 영역권 안에서도 가섭 장자의 아들로 태어날 수 있는 복된 인물이 하나도 없네. 그러니 어찌하겠나, 내 상관님께 올라가서 사정을 말씀드려 보기로 하세."

제석천왕은 수신과 사천왕을 데리고 대범천에 계시는 범천왕궁으로 갔습니다. 백억의 태양계를 지배를 하시는 사생자부四生慈父이신 대범천왕께 큰절부터 올리고 나서 제석천왕은 지금 이 수신이 처한 난감한 입장을 다 말씀드렸습니다. 자비로우신 대범천왕은 금방 삼매에 들었습니다. 삼매 중에서 일어난 법안法眼으로 삼천대천세계를 두루 다 살펴보셨습니다. 살피다가 보니 수명이 다한 늙은 범천 한 분이 보였습니다.

대범천왕은 그에게 가까이 가서 사정을 했습니다.

"자네 이번 기회에 사바세계에 가서 태어날 용의가 없으신가?"

범천왕의 말씀을 들은 범천은 아연실색을 하며 말했습니다.

"내가 생노병사가 싫어서 수만 생을 많은 고행을 닦았습니다. 쉽잖은 선정을 잘 닦은 공덕으로 지금 여기 범천까지 왔습니다. 그런 날보고 또 다시 생사에 들어가라고 말씀을 하시니 참으로 유감입니다."

범천은 단호히 거절을 합니다.

대범천왕도 그 범천의 뜻을 거역할 수 있는 권한이 없는 형편이고 해서 대범천왕은 또 이렇게 제안을 했습니다.

"앞으로 저 사바세계에는 곧 석가모니 부처님이 출현을 하신다네. 곧 오실 세존님을 친견도 하시고 좀 더 높은 수행을 석존 앞에서 쌓는다면 그보다 복된 과보가 어디에 또 있겠나. 그러니 한 번 더 생각을 해보시게."

잠시 생각을 해본 범천은 이런 약속을 부탁하였습니다.

"만약 내가 저 사바세계에 가서 태어나게 되면 반드시 결혼을 해야 합니다. 그 결혼만은 절대로 할 수가 없습니다. 그러니 범천왕님께서 저를 결혼만은 못하도록 지켜 주시겠습니까?"

대범천왕은 크게 기뻐하면서 말씀하였습니다.

"내 꼭 그 약속은 보장을 하겠네. 그야 문제가 될 것이 하나도 없으니 어서 서둘러 사바세계로 내려가 보시게."

사천왕과 제석천왕은 대범천왕이 늙은 범천과의 주고받는 대화를 다 듣고는 너무 기뻐하였습니다. 제석천왕은 곁에 서 있는 수신에게 충고 삼아 말하였습니다.

"필발라 수신樹神이여, 자네는 남이 주는 공양물을 생각도 없이 함부로 즐겨 받아먹다가 오늘날 우리들까지 욕을 보였으니 앞으로는 남의 기복물은 절대로 받지 마시게."

"예, 천왕님. 저 역시 남의 공양을 탐한 적은 한 번도 없습니다. 다만 저 불쌍한 중생들이 숱한 만신들을 모아놓고는 온갖 기복행위를 즐기고 있을 뿐입니다."

수신은 천왕님들께 감사의 예를 올리고는 번개같이 가섭 장자의 집으로 내려왔습니다.

필자가 본 천왕님들의 경외敬畏스러운 복력의 상호를 비교해 보면 꼭 이와 같습니다

사천왕의 빛나는 상호로도 사천왕은 제석천왕 곁에 앉아 있는 거지와 같습니다. 또한 제석천왕 역시 저 백억의 태양계를 자신의 한 몸으로 장엄하신 대범천왕의 32상 80종호

의 상호에는 마치 태양 곁에 떠 있는 달 같습니다.

그런데 하물며 이 지구촌 권위주의 제왕이나 얼굴에 바르는 화장품 같은 민주주의 정치 지도자들의 못생긴 몰골들을 어찌 저 천왕들에게 비교하겠습니까?

분명한 진실은 하늘로 올라갈수록 밝고 맑고 청숙한 고요의 깊이와 넓이가 점점 더 우주적입니다.

몸은 전부가 각성의 발광체로서 중생들은 전연 볼 수도 없습니다. 아, 보라. 권위주의와 자비주의 복덕력의 격차가 이렇게도 막심합니다.

필발라 수신은 얼마나 좋았든지 번개같이 장자의 집으로 내려왔습니다. 내려온 필발라 수신은 장자 내외가 기도를 드리고 있는 제단에서 단박에 신험을 보였습니다.

한참 정성을 드리고 있던 가섭 장자 내외에게 최면을 걸었습니다. 내외는 금방 꾸벅 꾸벅 졸다가 쓰러지면서 졸지에 깊은 잠이 들었습니다.

잠깐 깊은 잠에 빠져 있던 가섭 장자 내외는 동시에 무엇에 놀란 사람처럼 벌떡 일어나면서 같은 말을 했습니다.

"여보, 당신은 왜 놀라 잠이 깨었소?"

또한 부인도 남편에게 똑같은 질문을 합니다.

"여보, 당신은 왜 놀라 잠이 깨었소?"

동시에 내외는 똑같은 꿈 얘기를 했습니다.

"천상으로부터 스님 한 분이 밝은 광명을 놓으시면서 필발라 나무의 꼭대기로부터 내려오시는 꿈을 지금 막 꾸었소이다"라고 부인이 말하자 "나도 똑같은 꿈을 꾸었소, 여보."

이렇게 해서 태어난 가섭 존자는 결혼 문제만 가지고도 대하드라마 몇 편을 쓸 일화가 있습니다.

가섭 존자의 내외는 같은 금색신을 가지고 이 세상에 태어났습니다. 부부로 만난 내외는 서로 만나면서부터 굳은 맹약이 있었습니다. 우리는 절대로 성관계는 물론 서로 몸도 가까이 하지를 말자고 말입니다.

그래서 아내가 잠이 들면 남편은 곁에서 부채질이나 하고 남편이 잠이 들면 부인이 불침번을 서는 희대에 다시없는 가섭 존자 내외의 기막힌 수절의 설화가 전해옵니다

어느 날 잠든 부인의 망을 보던 남편이 독사 한 마리가 아내의 곁으로 기어가는 것을 보고는 부인이 벗어 놓은 수건으로 그 뱀을 잡아서 멀리 집어던지는 과정에서 아내의 팔을 약간 스쳤습니다. 잠결에 깜짝 놀라 잠을 깬 아내가

"여보, 당신은 어찌 약속을 파기하시는 거요?"

하면서 벼락같이 화를 내니 가섭 존자는 "저기나 보세요" 하였습니다. 남편이 가리키는 마당 한쪽을 내려다보니 꿈틀 비틀 기어가는 독사 한 마리가 보였습니다. 이를 본 아내는 남편의 장부다움에 미소로 감사했다고 합니다.

그런데 말입니다. 그렇게도 계행이 투철했던 성녀도 수만 생 살아오면서 맺었던 전생의 악연 앞에서는 어쩔 수가 없었던 모양입니다.

남편을 따라 구도자의 생활을 하다가 숱한 외도들에게 성추행을 당했고 섹스광인 왕을 비판한 벌로 그 왕에게 붙들려 가서 일 년 동안이나 온갖 성추행을 당했습니다.

그러나 후일 세존을 만나 곧 아라한과를 얻어서 신통이 대단한 비구니가 되었습니다.

신밀身密의 가섭 존자

항상 태양의 빛이 빽빽이 비춘다는 밀양密陽에서 가까운 청도淸道에는 운문사雲門寺가 있습니다. 밀양密陽의 참 뜻은 묘각妙覺의 빛이 시방세계를 두루 가득히 비춘다는 뜻으로 지어진 지명입니다.

그리고 청도淸道라고 하는 지명도 청정법신淸淨法身의 도道로 들어가는 길이란 뜻이고, 운문사雲門寺란 절 이름은 법운지法雲地로 들어가는 문門이란 의미를 담고 있습니다.

여기 운문사 큰법당 비로전에 들어가 보게 되면 특이한 비로자나 불상을 보게 됩니다.

결가부좌를 하고 앉아 계시는 비로자나 부처님은 한쪽

다리를 평상 아래로 내려놓고 계십니다.

이러한 불상은 어느 절에서도 보기 어려운 모습입니다. 부처님이 한쪽 발을 단상에 내려놓으신 그 족하상의 신밀身密은 과연 무엇일까요?

이 족하상에 대해서는 승속을 막론하고 영원한 화두로 지금까지 입을 굳게 닫고 있습니다. 마치 저 석가세존께서 말이 아닌 신어身語로 가섭 존자와 서로 의사를 소통한 것처럼 말입니다.

석존의 상수제자 가섭 존자는 말이 아닌 몸으로 의사를 전달하는 신밀身密의 제자입니다.

가섭은 육신의 표정을 가지고 일체의 의사소통은 물론 기적과 이적을 나투시는 불가사의한 존자입니다.

가섭 존자는 수만 겁 전부터 멸진정滅盡定을 닦은 공덕으로 무명이란 마음이 깨끗이 다 소멸되었다고 합니다.

그래서 세존은 가섭 존자는 마음이 없는 사람이라고 항상 대중들에게 남다른 가섭의 신분을 자주 밝히셨습니다.

마음이 없으므로 일체의 모든 행위를 마음이 아닌 각성으로 했습니다. 이를 두타행頭陀行이라 합니다.

두타행頭陀行이란? 빛나는 각성으로 행위를 하는 성자란

뜻입니다. 두타행頭陀行을 우리말로 달리 표현하면 무심각행無心覺行이란 뜻이 됩니다. 무심각행無心覺行이라는 말은 마음이 아닌 항상 밝고 맑은 각성으로 일체의 의사표현은 물론 모든 기적과 이적을 몸으로 나투는 신밀身密의 행이란 뜻입니다.

그래서 부처님은 항상 가섭 존자를 두타제일頭陀第一이라고 말씀하셨습니다.

그러므로 부처님이 아니시고는 가섭 존자를 그 누구도 제자로 삼을 수가 없다는 말씀을 하셨습니다.

만약에 이 같은 존자의 위신 공덕을 전연 모르고 어떤 영적인 지도자가 가섭을 자신의 제자로 삼게 되면 반드시 그 스승은 피를 토하고 죽는다고 부처님은 말씀하셨습니다.

세존이 항상 극찬을 아끼지 않으셨던 무심각행자無心覺行者 두타제일頭陀第一 가섭 존자는 무량억겁 전에 이 세상에 나오셨던 부처님이 열반을 하신 뒤에 그 부처님을 등상불로 잘 조성해서 모셔 놓고 그 불상에다가 권속들과 함께 도금을 하셨다고 합니다. 그 불상에 도금을 한 인연 공덕으로 가섭 존자는 권속들과 함께 세세생생에 항상 몸에서 붉은 금빛이 났다고 합니다. 석존 당시에도 가섭 존자는 부인과

더불어 몸에서 붉은 금빛이 났습니다.

그러므로 가섭 존자는 한두 생을 도를 닦은 분이 아니십니다. 무량한 아승지겁 전에 이미 마음을 다 회향해 버리고 묘각으로 들어가는 등각지에 오른 여래 장자입니다.

그런데 여기서 좀 짚고 넘어가야 할 법어法語가 있습니다.

그것은 두타頭陀란 법어입니다. 두타頭陀란 단어를 모두 잘못 이해하고 있는 것 같습니다.

일반 승속이 알기로는 두타頭陀란 법어의 뜻을 저 옛날 중국의 안자顔子의 안빈낙도安貧樂道 사상과 같은 청빈한 사생활 같은 것으로 오해를 하고 있습니다. 그래서 두타頭陀란 말씀의 뜻을 지극히 청빈하게 살아가는 가난한 수행자를 말하는 것으로 알고 있습니다.

물론 가섭 존자는 남루한 거지처럼 살았습니다. 거지 중에서도 상거지로 사셨습니다.

그래서 거지들이 구걸해 온 음식을 즐겨 얻어서 잡수셨던 분입니다. 남루한 의상하며 머리와 수염을 깎지 않아서 무척이나 험상궂은 가난한 고행승처럼 보였습니다.

그러나 존자의 내면에 숨기고 있는 불가사의한 신밀身密의 공덕을 두타頭陀라 했습니다. 불타佛陀의 머릿속처럼 광명으로 가득한 성자란 뜻으로 두타頭陀라 했습니다.

그런데 일반인들이 알기로는 누더기 옷을 즐겨 입은 지극히 청빈淸貧한 수행자로만 알고 있습니다. 하지만 두타頭陀란 신밀身密의 무심각행자無心覺行者란 말의 약칭이라 봅니다.

세존의 아들 라후라도 여래의 삼밀 가운데서 신밀身密을 지니고 있었습니다. 그래서 세존은 항상 라후라가 행하는 밀행은 오직 나밖에는 모른다고 하시고 라후라를 밀행제일密行第一이라고 하셨습니다.

그렇다면 밀행제일이 무엇일까요?

필자의 경험을 미루어 이해를 돕자면 이런 경우로 봅니다. 밀행제일 라후라는 자신의 몸을 어디든 한 곳에 둡니다. 몸은 부동하고 있으면서 시방세계 어디든 마음대로 다니는 행위를 말합니다.

또한 밀행의 불가사의한 실증적 예로는 모든 중생들이 만약 위급한 환난을 만나게 되면 이때 라후라는 천만리 밖에서도 그 위난의 현장에 나타나서 저들의 불행을 다 구해 줍니다. 이같은 신밀의 행위를 밀행密行이라 합니다.

예를 하나 더 들어 보겠습니다.

만약 바다에 떠다니는 배나 하늘을 나는 항공기가 갑자기 불의의 사고로 급박한 위난을 당하게 되면 이때 라후라는 천만리 밖에서 손을 뻗쳐서 사고를 당할 배나 지금 막 추락하는 비행기를 한 손으로 잡습니다. 잡아가지고는 안전한 곳으로 정착을 시켜 놓습니다.

이 같은 위난에서 생명을 구한 세상 사람들과 매스컴들은 이 사실을 톱뉴스로 자랑들을 합니다. 기적과 이적이 일어났다고들 말입니다.

물론 불의의 사고 현장에서 착한 공덕을 숨기고 있는 사람이 있었을 때의 경우입니다. 중생의 선근 공덕에 따라 이러한 불가사의한 이적과 기적을 나투는 영적인 행위를 밀행密行이라 합니다.

이 같은 신밀의 분야에 남다른 신통력을 가진 라후라를 부처님은 밀행제일이라 하신 것으로 필자는 경험을 미루어 이러한 예가 밀행密行이라고 알고 있습니다.

라후라는 세존 멸후 티베트로 가서 밀교를 펴신 티베트 불교의 교주란 설도 있습니다.

여래 신밀의 다보탑사 반분좌

가섭 존자는 마음이 없습니다. 마음이 없기 때문에 시간과 공간의 약속으로 살아가는 세간의 일반 중생들과는 판이하게 다른 삶을 즐깁니다.

겉으로 보기에는 걸인 같아서 심지어 앉는 자리까지도 선뜻 양보를 하는 사람이 없었습니다. 그래서 가섭 존자는 앉을 자리가 없는 문제로 빚어진 세존과의 일화가 참 많습니다.

가섭은 남루한 누더기 옷에다가 깎지 않은 장발하며 일반 스님들과는 모습부터가 영 달랐습니다.

그래서 가섭은 출가를 하면서 석존께 자신은 승단의 규

범을 따를 수 없는 사람임을 말씀드렸다고 합니다.

세존께서는 가섭 존자는 이미 높은 대해탈의 경지에 머물러 있음을 잘 아시기 때문에 가섭의 요구를 유감없이 다 승낙하셨다고 합니다.

"세존이시여, 저는 출가한 스님들처럼 머리와 수염을 깎고, 품위를 갖추는 승단의 모든 요식을 따를 수가 없습니다. 그러므로 어떠한 승률에 허물이 있더라도 용서를 해주십시오."

"좋다, 가섭이여. 그대 뜻대로 행하라."

가섭 존자는 잠깐만 침묵을 하고 앉거나 서 있어도 무량 겁이 훌딱 지나가 버립니다. 그러므로 무량억겁이 손가락 튕기는 찰나로도 압축이 됩니다. 이렇게 이미 불가사의한 적멸을 성취한 독각이나 연각들은 밖으로 취해야 할 환경도 없고 안으로 가져야 할 마음도 없습니다.

특히 가섭 존자 같은 분은 시간을 고무줄처럼 늘였다 줄였다 하는 분입니다. 그래서 시공이란 개념 자체가 없습니다. 가섭 존자는 앞으로 56억 7천만 년까지 죽지 않고 그대로 설산에서 존재한다고 합니다. 석존 당시의 그 몸을 그대로 잘 보전한다고 합니다. 그 이유는 지금 석가세존의 유지를 받들어야 할 중요한 소임이 있기 때문입니다.

중요한 소임이란?

석가세존이 입고 계시던 가사를 미륵불에게 직접 전해 드려야만 하는 중요한 소임과 석존 시대의 사람이 얼마나 작은가를 용화 시대의 중생들에게 표본으로 가섭이 직접 시범 모델로 보여 주어야 하는 소임입니다.

그 소임을 잘 받들기 위해서는 앞으로 56억 7천만 년까지 설산에 머물러 있어야만 합니다.

앞으로 2억 년 후가 되면 일곱 개나 떠 있는 태양의 엄청난 고열에 의하여 지금 이 지구는 온통 펄펄 끓게 됩니다. 그러다가 50억 년이 지나면 이 지구는 유리의 대지로 새롭게 탄생을 합니다.

그때가 되면 세상 만물은 모두가 칠보로 새로게 장엄이 됩니다. 그래서 모든 것이 찬란하게 빛나는 세계라 해서 그 시대를 용화세계龍華世界라 합니다.

용화세계의 인류는 그 몸이 크고 거룩하기가 태산과 같고 키는 무려 수천 미터나 됩니다. 그때 사람들의 수명은 한결같이 똑같아서 8만 4천 세를 산다고 합니다.

이 시대를 용화세계龍華世界라 합니다. 용화세계라고 하

는 이유는 그 시대는 너무나 평화롭고 너무나 행복한 과학 문명의 시대라는 뜻에서 일컬어진 이름입니다. 그리고 이 시대에 출현하실 미륵세존은 용화수龍華樹라고 하는 나무 밑에서 성불을 하신다고 합니다. 그래서 이 시대의 이름을 용화세계라고도 합니다.

그때까지 가섭 존자는 설산에서 멸진정에 들어 있어야만 합니다. 그렇게 별 탈 없이 머물러 계시다가 미륵세존이 용화교주로 출현을 하시는 그 시기에 가섭 존자는 석가세존의 가사를 직접 미륵 세존께 받들어 올리는 중요한 임무 수행을 하게 됩니다.

이때에 미륵세존은 과거 석가세존의 상수제자 가섭을 손바닥 위에 올려놓고는 저 먼 옛날 석가세존의 가사를 가섭 존자로부터 직접 받습니다. 받아서는 그 가사를 미륵세존 자신의 엄지손가락에다가 감아봅니다.

그런데 석존이 입고 계시던 가사가 미륵세존의 엄지손가락의 반도 채 감쳐지지를 못합니다.

이 같은 모습을 용화세계의 일체 대중들이 지켜보고는 너무나도 놀라워들 합니다. 어찌 저렇게도 작은 부처와 사람이 사는 시대도 있으며, 또한 부처님이 어찌 저렇게도 작을 수가 있느냐? 하는 것입니다.

56억 7천만 년 전에 석가세존의 상수제자의 모습을 실제로 보고는 너무나도 놀라워들 합니다.

어찌 저렇게도 작은 사람이 사는 부처님 세계도 있느냐? 하는 것입니다.

용화세계의 사람들이 볼 때는 사람이라고 하기보다는 조그마한 미생물처럼 보일 정도이니까 얼마나 놀랍겠습니까! 그때 그 시대 사람들의 몸이 얼마나 웅장하고 키가 얼마나 큰가를 가늠해 볼 수가 있는 한 좋은 예로서 미륵세존의 키로 지금 사람과 비교를 해보면 쉽게 이해가 될 것입니다.

지금 저 히말라야 산을 세계에서 제일 높다고 합니다. 그렇게 크고 높다는 산(8,848미터)이 미륵세존이 서 계시는 젖가슴 밑을 지나지 못한다고 합니다.

그렇다면 용화시대의 사람들은 얼마나 몸이 웅장하고 키가 큰가를 상상해 보세요.

미륵세존께서는 가섭이 받들어 올리는 석존의 가사를 받으시고는 이렇게 말씀하십니다.

"너희들은 잘 보아라. 옛날 석가세존 시대의 사람들은 지금 너희들이 지켜보는 가섭과 같았다. 비록 그 시대의 사람들의 몸은 작고 보잘것은 없을지라도 그때 사람들이 지니고 있는 공덕과 지혜와 신통은 너희들의 생각으로는 알 수가 없느니라."

하시고는 미륵세존 자신의 손바닥 위에 서 있는 조그마한 가섭에게 이렇게 말씀을 하십니다.

"가섭이여, 그대가 저 일체 대중들이 보는 앞에서 그대의 신통변화를 한번 보여 주어라."

그때 가섭은 미륵세존의 허락을 받고는 즉시에 신통변화를 보입니다. 우선 자신을 작다고 우습게 본 대중들을 위해서 자신의 작은 몸을 우주에 가득하게 채웠습니다.

우주에 가득한 가섭의 어마어마한 허공신을 보고는 용화세계의 일체 대중들이 일제히 일어나 합장배례를 합니다.

일체 대중들이 합장을 하고 놀라워하는 가운데서 허공에 가득한 몸을 갑자기 작게도 해보이니 저 대중들의 눈에는 잘 보이지도 않았습니다.

또 홀연히 자신들과 똑같은 몸으로 변화를 합니다. 변화된 그 시대의 일반 사람들의 몸을 가지고 허공에 올라가서는 공중을 평지처럼 자유롭게 걸어서 다니기도 하고, 그런가 하면 허공에서 앉고 눕기도 합니다.

또 다시 기이하게도 몸 위로는 불을 뿜어내고 몸 아래로는 물을 품어 냅니다. 이 모양으로 몸 위로 물을, 몸 아래로는 불을 토해 내기를 한참 하다가 홀연히 없어지기도 합니다. 그런가 하면 홀연히 대지를 호수처럼 담방구질도 하고 물 위를 땅바닥처럼 뛰어 다니기도 합니다.

이렇게 온갖 신통방통한 이적과 기적을 한참 보이다가 홀연히 본래대로 미륵세존의 손바닥 위에 서 있습니다.

"너희들은 이제 잘 보았느냐? 사람이 작다고 무시해서는 아니 되느니라. 저 사자의 새끼는 아무리 작아도 큰 코끼리도 보면 두려워하느니라."

보라, 저 가섭은 앞으로 56억 7천만 년 후에 용화세계에서도 이렇게 큰 불사를 하실 불자입니다.

지금, 저 가섭이 어디론가 급히 걷고 있었습니다.

한때에 세존께서 다보탑사에서 큰 법회를 하셨습니다.

때와 장소의 개념이 남다른 존자가 환희로 무르익은 법회장에 나타났습니다. 거지 수행자를 본 대중들은 그 누구도 존자에게 자신의 자리를 양보할 뜻이 전연 없었습니다. 이를 보신 세존께서는 가섭을 반기는 미소를 지으시며 세존이 앉으신 자리의 반을 가섭에게 내어 주셨습니다. 이를

본 가섭은 천진난만한 어린애처럼 빙그레 웃으며 세존이 앉은 금강보단에 올라가서는 태연히 앉았습니다.

이를 본 대중은 놀라움을 금치 못했습니다.

하지만 부처님은 가섭에게 여래 보신의 공덕이 어떠한 것인가를 깨닫게 하셨습니다. 여래만이 구족하게 갖추신 법신, 보신, 화신 중에서 원만보신불圓滿寶身佛을 이루는 엄청난 가피력이 가섭의 온몸에 와 닿았습니다.

가섭의 몸은 세포 하나하나가 다 자금색으로 장엄이 되는 불가사의한 신밀이 일어났던 것입니다. 이것을 여래如來의 삼밀 중에서 신밀身密의 공덕이라고 말합니다.

염화미소拈華微笑

　지금도 일반 불자들은 세존이 가섭에게 꽃 한 송이를 들어서 보이신 이 신밀의 염화미소拈華微笑를 부처님과 가섭 사이에만 주고받는 전법의 비밀로 알고 있습니다.

　그러나 부처님과 제자 사이에는 은밀히 주고받을 수 있는 무슨 비법은 절대로 있을 수가 없습니다.

　다만 세존은 가섭 존자가 지금 이 법회장소를 찾아오다가 길에서 일어난 신밀身密의 불가사의를 알고 기뻐하신 것뿐입니다. 세존은 저 가섭이 행한 신밀의 축하 메시지로 미소를 지으시며 가섭에게 꽃 한 송이를 들어 보이셨던 것입니다. 하지만 가섭은 앉을 자리도 없었습니다.

이 모양을 보신 세존은 직접 앉으신 자리의 반을 가섭에게 양도를 하셨던 것입니다.

그러면 가섭이 행한 신밀의 불가사의가 과연 무엇이기에 세존께서는 꽃 한 송이를 드시고 가섭을 반기시는 미소를 지으셨을까요?

가섭은 평소에도 화장터가 아니면 걸인들이 모여 사는 다리 밑이나 숲속에서 주로 그들과 함께 기거를 하셨습니다. 그것은 죽은 자와 산 자들에게 불종자를 심어 주기 위한 두타행자頭陀行者들만이 알고 행하는 신밀身密입니다.

가섭 존자께서 나병환자촌을 지나고 있었습니다. 그때에 뿌연 죽 한 그릇을 물러터진 두 손으로 받들어서 올리는 문둥병 여인이 있었습니다.

가련하기 짝이 없는 그 여인의 죽을 존자께서 감사하게 받는 순간 저 지독한 풍병으로 다 문드러진 여인의 손가락 하나가 그 죽그릇 안으로 뚝 떨어졌습니다. 존자는 이를 보시고도 감사히 받아서 달게 마셨습니다.

존자가 뿌연 죽물을 훌쩍 마시는 순간 그 불쌍한 여인은 숨을 거두었습니다. 임종과 동시에 욕계 육천 화락천궁으로 환생을 했습니다.

이렇게 기가 막힌 신밀의 불가사의를 다 지켜본 이가 부처님 말고도 있었습니다. 저 태양계 서른세 개를 지배하는 제석천왕이 참으로 놀라운 기적을 보았습니다.

천왕은 불현듯 욕심이 생겼습니다. 나도 존자에게 복을 좀 지어야겠다는 욕심이 일어나는 순간에 제석천왕은 방금 본 그 문둥병 환자와 똑같은 비렁뱅이로 변신을 했습니다. 변신을 한 제석천왕은 가섭 존자 앞에 멀건 죽 한 그릇을 받들어 올리며 애원을 합니다.

"제발 저의 공양도 좀 받아 주십시오."

조금 전에 그 나병환자 여인이 올렸던 죽과 같은 음식물로 존자에게 받들어 올리면서 슬피 애원을 합니다.

"저의 공양도 좀 받아 주소서."

존자는 사양을 했습니다.

"공양은 받을 때가 있습니다. 한번으로 족합니다."

변장술과 연기력이 뛰어난 천왕은 다 쭈그러진 양푼에 담긴 뿌연 죽물을 받들어 올리며 받아주기를 애원합니다. 그러나 존자는 의연히 돌아서면서 이렇게 말씀을 하셨습니다.

"법답지 못한 공양은 받지 않습니다."

136

그때에 제석천왕은 자신의 본색을 드러내었습니다.

"제가 무례한 짓을 했습니다. 천상에서 보니 지독한 업보로 문둥이 몸을 받은 저 여인이 존자께 죽 한 그릇을 받들어 올린 그 인연 공덕으로 저희들도 부러워하는 저 좋은 화락천궁으로 가서 곧바로 환생을 했습니다. 이를 지켜본 제가 존자님께 복을 좀 지어 보겠다는 욕심이 생겼습니다. 그래서 제가 여법하지 못한 실례를 했습니다."

존자는 뒤돌아보지도 않으면서 이런 말씀을 제석천왕에게 던졌습니다.

"바라는 욕심으로 행하는 모든 선행은 곧 거짓 선행이 되므로 재앙이 됩니다(慾求善行 僞善災殃)."

가섭 존자는 간명한 법어만 남기고 훌쩍 떠나가 버렸습니다.

세존은 법좌에서 많은 대중에게 법문을 하시면서도 두타행자頭陀行者의 신밀身密을 다 지켜보셨던 것입니다.

부처님의 미소는 바로 저 가섭에게서 일어난 신밀의 밀행을 가상히 여기시고 미소와 더불어 자리까지 양보를 하셨던 것입니다.

저 옛날 중국 춘추전국 시절에 있었던 이야기입니다. 박애의 현자 묵자墨子란 분이 계셨습니다. 묵자墨子께서는 송나라 백성들을 초나라 전쟁광으로부터 구하려고 만리 타국을 멀다 않고 걸어서 초나라 제왕을 만났습니다. 초왕은 묵자의 박애정신에 감화를 받고 전쟁도발을 포기했습니다. 이렇게 전쟁광을 승복을 시키고 돌아오는 길이었습니다.

갑자기 먹구름이 실어온 소나기를 만났습니다. 급히 비를 좀 피려고 남의 집 처마 밑에 잠깐 서 있었습니다.

이때 그 집 촌 아낙네가 물동이를 머리에 이고는 제 집으로 들어오다가 거지같은 묵자墨子를 힐끗 치어다보면서

"거지 주제에 남의 집 처마 신세는 왜 지노?"

하며 심한 욕설까지 퍼붓고는 집 안으로 사라졌습니다. 뜻밖에 심한 봉변을 당한 묵자墨子는 하도 기가 막혀서 땅바닥에 그대로 앉아서 자신의 두발을 두드리며 남긴 하소연이 있습니다.

"고국 창생을 구하려고 만리 타국을 멀다 않고 쏘다니다가 물러터진 발을 이끌고 고국 강산에 돌아오니 이젠 내 두발짝마저 받아줄 한 치의 땅도 없구나."

그러면서 가가대소呵呵大笑를 했다고 합니다.

가섭 존자도 마찬가지였습니다. 억조창생의 망령과 생령들을 무수히 구하고 다녔지만 비쩍 마른 궁둥이 하나 제대로 기댈 자리 한 치도 없었습니다. 이같이 답답한 중생 무자를 보신 세존은 꽃 한 송이를 들고 가섭 존자에게 보이며 말씀하셨습니다.

"나의 법 가운데 한 송이 꽃과 같은 존자여! 너는 여기에 와서 앉아라!"

가섭은 즉시에 세존의 신어身語를 읽고 세존이 내어 주신 자리의 반쪽 편으로 가서 태연히 앉았습니다.

세존이 가섭에게 보인 신밀身密을 가지고 특히 한국 선종에서는 염화미소拈華微笑라 해서 일종의 화두로 지금껏 섬기고 있습니다.

이 설화의 참 뜻은 두타행자頭陀行者인 가섭에게만 일어났던 여래 신밀身密의 불가사의입니다.

여래 신밀의 곽외삼족槨外三足

옛부터 인도의 장례법은 큰아들이 어디로 멀리 가서 돌아오지 않았다면 그 장자가 돌아올 때까지는 장례를 치르지 않는다고 합니다.

세존께서도 여래 장자인 가섭이 어디를 가서 돌아오지를 않았기 때문에 장례 시간을 좀 기다렸다고 합니다.

세존께서는 입적하시기 전에 많은 제자들에게 당부하신 부탁의 말씀이 있었습니다.

"나는 나라에서 장례를 치러 주는 국장으로 하겠다. 그러므로 너희들은 나의 장례식에는 일절 관여하지 말거라. 다만 평소에 나의 가르침대로 편안한 곳에서 대중들과 함께 나무 밑에 앉아서 깊은 선정에만 머물러 있어라."

세존의 이 말씀은 오늘날 불자들이 깊이 새겨들어야만 할 다시없는 세존의 열반송입니다.

가섭 존자는 모든 행사장에서 항상 연착사건으로 문제가 생겼습니다. 그런데 또 세존이 입적을 하신 열반장에서도 기막힌 연착사건이 또 벌어졌습니다. 가섭은 선정에서 일어나 보니 기이하고 이상한 상서에 깜짝 놀라 급히 허공신을 빌어서 번개같이 세존을 모신 관 앞에 나타났습니다. 이미 입관이 장엄하게 잘 되어 있었습니다.

가섭은 세존의 관을 붙들고는 하염없이 통곡을 했습니다. 발을 동동 구르며 통곡을 하니까 관 안에 편안히 안치되어 있던 세존의 두 발이 관 밖으로 세 번이나 나왔다 들어갔다 반복을 했습니다.

이를 보는 가섭에게는 놀라운 기적이 아니었습니다. 왜냐하면 가섭은 평소에도 세존과의 대화는 항상 신밀身密인 신어身語로 대화를 했기 때문입니다.

가섭은 세존께서 신어로 하시는 말씀소리를 듣고 금방 울음을 뚝 그쳤습니다.

"여보게, 내가 가기는 어디로 가. 나는 항상 여기에 이대로 있다네."

가섭 존자는 울음을 멈추었습니다. 울음을 그치고는 제
국의 국왕들이 성대하게 치러 주는 장엄한 장례식장으로
따라갔습니다. 세존의 유시대로 세존의 장례식에는 장자인
가섭 존자만이 예를 갖추며 홀로 서 있었습니다.

여래 신밀의 불가사의 가피력을 잘 지켜보면서 말입니다.

아난 존자의 어밀語密

대장경은 본래 아난의 입을 통하여 흘러나온 기록문입니다. 아난은 삼세제불의 말씀을 모두 다 기억하고 있는 최강 기억력의 소유자입니다. 요새말로 하면 제불의 녹음기입니다. 이와 같은 초인적 기억력은 모두가 무량한 부처님을 모시면서 배우고 익혀서 얻어 가진 여래 어밀의 가피력 때문입니다.

여래 삼밀 가운데서 어밀의 불가사의 가피력을 받게 되는 아난 존자의 이야기입니다. 세존 입멸 후에 아난에게 일어난 어밀의 불가사의(加被任持)는 어떻게 해서 일어났을까요?

지금부터 아난 존자에게 일어나게 된 불가사의한 어밀의

가피임지加被任持의 이야기를 하겠습니다.

오래도록 부처님을 모시고 항상 세존과 함께 기거하다가 홀연히 세존이 열반에 드시고 나니 아난의 슬픔은 말로 다 할 수가 없었습니다.

온갖 것을 다 잃어버린 사람처럼 한동안 방황을 하면서 정처 없이 떠돌아 다녔다고 합니다.

그러던 어느 날 귀가 번쩍하는 기쁜 소식을 들었습니다.

그 소문은 다름이 아니라 법형인 대가섭 존자께서 500명의 아라한들과 함께 필발라 굴에서 경전을 만든다는 소식이었습니다. 석가세존이 49년 동안 설하신 말씀들을 다시 정리를 잘 해서 경전으로 모으는 작업을 하고 있다는 소식이었습니다. 이 소문을 듣고는 스스로 생각하기를 '경전 결집이라면 어찌 나 없는 불사가 가능하다고 생각들을 하시고 계실까?'

제불의 기억장인 아난이 없는 결집은 절대로 불가능하다는 생각이 들었습니다. 이런 생각이 들자마자 곧바로 필발라 굴로 가섭 존자를 찾아갔습니다. 찾아간 아난은 법형 가섭 존자를 필발라 굴 찰간 밖에서 만났습니다.

아난은 가섭 존자께 대뜸 항의성 질문을 던졌습니다.

"법형께서는 어찌 나 아난 없는 경전 결집이 가능하다고 생각을 하십니까?"

그런데 가섭 존자의 반박성 박대는 상상을 초월했습니다.

"아난아, 너는 이 필발라 굴에는 한 발짝도 들여놓지 말거라."

그러면서 아난을 문밖으로 떠밀어 내는 것이 아니겠습니까! 아난은 뜻밖에 가섭 존자로부터 문전박대로 쫓겨난 신세가 되었습니다. 어찌 법형이 나에게 이렇게 냉대를 할 수가 있단 말인가?

여래 장자로서 자비롭기로 그 누구도 비길 자가 없던 법형에게 어찌 저 같은 무자비가 있었단 말인가?

법형의 무자비한 박대에 떠밀려 나오면서 아난은 쏟아지는 눈물을 감출 길이 없었습니다.

'두고봅시다. 나를 이런 식으로 쫓아내 버리고 어떻게 불경 편집이 가능한가를 봅시다.'

억울함을 물어 씹으며 필발라 굴 경계 밖으로 떠밀려 나면서 그만 그대로 주저앉아 버렸습니다.

가섭 존자는 아난의 원성의 울먹임을 들은 체도 않고 소리를 질렀습니다.

"저 문밖에 서 있는 찰간刹竿이나 허물고 오너라."

아난은 법형이 소리치는 이상한 말은 귀에 들리지도 않았습니다. 들은 체도 않고 절 문밖에서 그냥 그대로 마냥 주저앉아 있었습니다. 오늘날 모든 절의 일주문을 옛날에는 찰간刹竿이라 했습니다.

'저 문밖의 찰간刹竿을 허물고 오너라'라고 말한 법형의 이상한 주문이 아난의 심신을 누비기 시작했습니다.

'저 문밖의 찰간을 허물고 오너라.'

참으로 이상한 말도 다 있다. 법형은 나에게 무슨 뚱딴지 같은 말씀을 하고 있는가?

'저 문밖에 찰간을 허물고 오너라' 하신 그 말씀의 뜻이 과연 무엇일까? 하고 짐짓 생각을 아니 할 수가 없는 신세가 되어 버렸습니다. 아난은 문전박대로 쫓겨난 그날로부터 삼일 삼야를 먹지도 자지도 않고 그대로 앉아만 있었습니다. 법형이 집어던진 그 이상한 어구가 자꾸만 머리를 칩니다.

'저 문밖의 찰간이나 허물고 오너라.'

아난에게 있어서는 법형이 집어던진 그 말 같지 않은 말이 아난의 별난 식심을 집어삼키는 화두가 되었습니다.

146

아난의 머릿속에는 오로지 법형이 던져 준 '저 문밖의 찰간이나 허물고 오너라'라고 한 말뿐이었습니다. 말 같지 않은 말, 그 말소리로 심신이 아득해졌습니다.

타고난 아난의 별난 앎의 기억은 법형이 집어던진 화두 속으로 점점 침몰해 들어갔습니다. 이 모양으로 삼일 삼야 동안 먹지도 자지도 않고 앉아서 법형이 던진 말의 의미 너머 속으로 아난도 세계도 온통 어디론가 증발을 하는 순간에 특별한 각성의 법계가 활짝 열렸습니다.

마치 무의식 속에서 깊은 잠을 자던 사람이 의식이 살짝 돌아오면서 밝은 세상이 새롭게 보이듯 불가사의한 각성의 세계가 활짝 열렸습니다.

온갖 식심으로 만들어진 문밖의 찰간이 꿈결처럼 사라지면서 각성의 빛으로 넘치는 환희의 깨달음이 일어났습니다. 깨달음을 얻은 각성의 몸으로 달렸습니다.

필발라 굴 문 앞에서 소리를 질렀습니다.

"형님, 문밖의 찰간을 허물고 아난이 왔습니다. 문 좀 열어 주세요."

"네가 문을 허물고 왔다면 네 스스로 문 없는 문으로 들어올 일이지 왜 나에게 문을 열어 달라고 하느냐?" 하시며 반기

는 법형과 아난은 자석처럼 달라붙어서 두둥실 서로 안고서
춤을 추었다고 합니다.

　이때 비로소 가섭 존자의 신밀身密과 아난 존자의 어밀語
密이 서로 만나 부처님의 팔만대장경이 탄생하게 되는 계기
가 되었던 것입니다.

아난 존자의 어밀語密의 기적 이야기

아난은 마침내 마음으로 만들어진 지식이나 논리의 찰간을 다 부수었습니다. 그 찰간은 식심 분별의 이해로 깨달은 해각解覺을 말합니다. 아난은 이제 그 식심으로 만들어진 각성 밖의 찰간이 소멸되었습니다.

새롭게 깨어난 아난을 누구보다도 기뻐한 사람은 다름 아닌 가섭 존자였습니다. 말소리가 아닌 마음의 소리를 다 들 잘 듣는 성문들이나 수승한 벽지불의 예리하고 강력한 기억력을 가지고는 시방제불의 비밀한 말씀은 다 기억하지 못합니다. 하물며 불가사의한 제불의 어밀語密을 어찌 알겠습니까?

그래서 가섭은 아난이 새롭게 깨어나기를 무척 기다렸습니다. 그래서 가섭은 아난으로 하여금 마음의 희론인 식심 분별을 일단 소멸시키는 테크닉(話頭)을 주었던 것입니다.

"이 뭐꼬?"

하고 의심을 하는 의정疑精이 아난에게 달라붙어서 그 의정이 결국 아난에게 지독하게 달라붙어 있던 무명이란 마음의 구름을 걷어갔습니다.

의정疑精의 블랙홀 속으로 아난의 별난 식정識精이 소멸되는 순간에 각성의 빛이 환하게 밝아 왔던 것입니다. 이렇게 각성으로 돌아와야만 비로소 여래의 삼밀 가운데서 어밀語密의 가피력을 받을 수가 있습니다.

이러한 진리를 가섭 존자는 너무나 잘 알고 있었습니다.

마침내 가섭 존자는 이제 아난이 여래 어밀의 가피력을 받을 수 있음을 알았습니다.

그래서 가섭 존자는 서둘러서 평소에 세존이 앉아서 설법을 하시던 법보단을 새롭게 잘 장엄해 놓았습니다.

이제 막 깨어난 아난으로 하여금 그 법단 위로 스스로 오르게 하였습니다.

칠보 단상에 아난이 부처님처럼 조용히 올라 앉는 순간

에 여래의 삼밀 가운데서 어밀의 기적과 이적이 동시에 일어났습니다.

갑자기 시방세계가 환하게 밝아지면서 아난의 모습은 살아 계시는 세존의 모습과 똑같아졌습니다. 동시에 아난은 열반하신 부처님이 너무나 그리워서 한없는 눈물이 쏟아졌습니다.

그때 아난의 얼굴은 광명으로 빛났고 온 세상과 하늘과 땅은 찬란한 광명장으로 변했습니다. 온 대중들은 너무나 놀랍고 두려워서 모두 엎드려서 살아 계실 때의 세존을 뵈옵듯이 아난에게 큰절을 올렸습니다.

이때에 아난에게는 사등법四等法이 일어났습니다.

무엇을 네 가지가 같다고 하는 사등법四等法이라 하는가?

첫째로 아난의 거룩한 몸가짐과 경외敬畏로운 품위와 거룩한 기품이 부처님과 똑같았습니다.

두 번째로는 입으로 설하시는 아난의 음성이 부처님과 똑같은 운뢰음이었습니다.

세 번째로 설하는 법문의 내용이 부처님이 설하신 말씀과 똑같았습니다.

네 번째는 설하는 언어言語와 문자文字가 부처님이 쓰신

것과 똑같았습니다.

이를 사등법四等法이라 합니다. 이렇게 여래와 같은 이 네 가지의 사등법四等法을 다 갖춘 아난만이 팔만대장경을 설할 수 있었던 것입니다.

아난은 모든 장경 서두에서 반드시 여시아문如是我聞으로 법문을 시작했습니다. 여시아문如是我聞은 우리말로는 '여래로부터 나는 이와 같이 들었습니다'입니다.

모든 불자들은 꼭 알아야 합니다.

모든 경문에서 쓰고 있는 여시如是는 9부정의 열 번째 절대긍정사 여시如是입니다.

법화경에서 세존께서 밝히신 열 가지가 같다고 하는 십여시十如是는 곧 여래 십호를 말합니다.

그러므로 법화경에서는 여래의 열 가지 같은 성리를 밝히셨습니다. 그러므로 십여시十如是는 부처님의 열 가지 불가사의한 공덕임과 동시에 그 내용은 여래십호如來十號임을 밝히셨습니다.

그래서 여시아문如是我聞을 '나는 이와 같이 들었다'로 해설하게 되면 '누가 누구로부터'라고 하는 세존의 법통이 끊어지게 됩니다. 모든 불경 서두에서 상용하는 여시如是는

일반 수식어로 '이와 같다'란 뜻이 결코 아닙니다. 불교 논사들이 쓰는 철학으로 말하면 극단 9부정否定의 열 번째 절대긍정사가 곧 여시如是입니다.

그러므로 여시아문如是我聞으로 시작하는 모든 경전은 여래어밀如來語密의 불가사의한 가피력을 받은 아난만이 쓸 수 있는 법어法語이기도 합니다. 그래서 여시아문如是我聞은 사등법을 갖춘 아난만이 쓸 수가 있는 어밀語密이 되고 있습니다.

아난은 너무나 잘난 미남에다가 정법시대의 소문난 존자이었기 때문에 여러 나라에서 아난을 서로 납치해갈 정도로 불심이 별난 시대에 살다가 가셨습니다.

아난은 자신을 서로 모셔가려고 하는 쟁탈전이 너무나 심각하므로 최후로 열반을 하면서 자신을 가지고 다투는 두 나라를 잘 화해시키시고 열반하셨습니다.

두 나라 사이를 두고 흐르는 큰 강을 경계로 해서 스스로 공중에 올라가서는 허공중에서 편히 앉아 곧 화광삼매火光三昧에 들었습니다. 그 화광삼매력火光三昧力으로 스스로 몸을 태웠습니다.

그 몸이 다 소신이 되었을 때쯤 쏟아지는 사리를 두 몫으로 나누어서 두 나라 왕들에게 자신의 사리를 공평하게 분배해 주고 나서 입적을 하셨습니다.

아난 존자는 이렇게 사리도 분명하고 성격이 매우 엄격하면서도 지극히 자비로우신 존자였습니다.

양쪽 강 언덕에서 존자의 불가사의한 신통력을 지켜보던 두 나라 왕과 백성들은 너무나 놀랍고 두려워서 모두 땅에 엎드려서 절을 하고 또 절을 했습니다.

두 나라 왕은 자기 국토에 떨어진 아난 존자의 사리를 잘 수습했습니다. 그리고 사리함을 가지고 자기들의 나라로 돌아가서는 큰 사리탑을 장엄하게 세웠습니다. 지금도 인도 땅에는 아난 존자의 거룩한 사리탑이 실제로 존재하고 있습니다.

의밀義密의 불자佛子 세 분 이야기

여래如來의 삼밀三密 가운데서 의밀義密의 불가사의한 가피력을 받은 분은 세 분이 계십니다. 그 세 분의 불자佛子는 지혜제일智慧第一 사리자舍利子와 해공제일解空第一 수보리자須菩提子와 전교제일傳敎第一 부루나미다라니자富樓那彌多羅尼子입니다.

사리자舍利子의 의밀義密

한때에 세존께서는 아침부터 몹시 밝은 얼굴로 미소를 머금고 무척 기뻐하셨다고 합니다.

세존이 스스로 환희로워하시는 모습을 곁에서 함께 지켜본 제자들이 세존께 물었습니다.

"세존이시여, 무슨 일로 오늘 따라 그렇게도 즐거워하십니까?"

기뻐하시는 사연을 묻는 제자들에게 세존은 반대로 물어서 답을 스스로 터득케 하는 반질문답反質問答을 주셨다고 합니다.

"너희들에게 묻노라. 만약에 어린 자식을 잃은 부모가 그 자식이 살아서 집으로 돌아오고 있다는 소식을 들었다면 그 부모의 심경은 어떠하겠느냐?"

세존이 무척이나 기뻐하신 그날은 아침부터 어디서 무슨 소문을 들었는지 세상 사람들이 사방에서 모여 들었습니다. 그 까닭은 세상에 소문난 대학자 사리불과 수학자 목건련이 석가세존과 논쟁을 통해서 누가 더 많이 아는가 하는 것을 저울질하는 법거량法擧量을 한다는 소문이 사방에 퍼졌기 때문입니다.

사리불과 목건련은 수만 생 전부터 도를 같이 닦은 도반입니다. 두 사람은 전생으로부터 도력이 대등한 라이벌이었다고 합니다. 또한 이 둘은 누구든지 훌륭한 스승을 만나

157

면 반드시 서로 알려 함께 공부하기로 약속을 했더랬습니다. 이렇게 인연이 지중하므로 금생에도 같이 만나 함께 생활하는 죽마고우竹馬故友였습니다.

어느 날 사리불은 길에서 우연히 앗사지 스님을 만났습니다. 앗사지 스님은 부처님께서 성도 후 초전법륜을 설하셨던 녹야원의 다섯 비구 가운데 가장 막내인 스님이었습니다. 사리불은 멀리서 그 앗사지 스님이 걸어오는 모습을 보고는 이상하게 가슴이 경외심으로 떨렸습니다.

너무나 엄숙하게 걷는 품위가 흡사 저 높은 설산이 걸어서 오는 것만 같았기 때문입니다.

사리불은 우주의 고요를 품고 다니는 듯한 스님을 멀리서 바라보는 순간 신선한 충격으로 앗사지 스님 곁으로 가까이 갔습니다. 가서는 합장을 하고 배례를 드리고는 물었습니다.

"스님의 스승은 누구십니까?"

"소승의 스승님은 석가세존이십니다."

석가세존의 제자라는 말에 더욱 놀라며 다시 물었습니다.

"스승님의 가르침의 요체는 무엇입니까?"

"만법의 요체는 마음이 일어나면 만법이 일어나고 마음

158

이 멸하면 만법이 멸한다고 하셨습니다."

이 한 말씀이 채 끝나기도 전에 사리불은 단박에 만법의 근본 뿌리를 환히 보았습니다.

이렇게 깨달음을 얻은 사리불은 그 길로 목건련에게 달려가 앗사지 스님을 만난 경위와 그 법과 스승에 대해 자세히 알려주었습니다.

사리불과 마찬가지로 목건련도 '마음이 일어나면 만법이 일어나고 마음이 멸하면 만법이 멸한다'라고 하신 세존의 법어에서 수만 생 골머리를 앓으면서 더덕더덕 쌓아온 부질없는 허구망상의 학식과 상식과 세간의 지식이 온통 와르르 무너져 버렸습니다.

사리불과 목건련은 세월없이 악몽을 꾸다가 금방 악몽을 깨고 일어난 사람처럼 맑고 밝은 얼굴로 석존을 만나 뵈려고 죽림정사로 향하였습니다.

목건련이 사리불에게 물었습니다.

"사리불아, 너는 아무렇지도 않으냐? 나는 이상하게도 두렵고 떨린다. 지금 이 세상의 고요를 좀 보라. 저 산천초목이며 동구 밖에 서 있는 나무숲들이며 그 나무에 앉은 새와 동구 밖에 서 있는 짐승들까지도 어찌 저리도 깊은 선정에

든 듯이 보이느냐?"

사리불이 대답했습니다.

"자네도 그러냐? 나도 그렇다. 어쩐지 신선한 적막에 삭신이 떨린다. 석존이 계시는 정사精舍가 가까워질수록 어쩐지 깊은 바닷물 속으로 빠져드는 것 같은 심경이다."

마침내 두 사람은 세존을 뵙는 순간 조건 없는 반가움에 기쁨의 눈물이 쏟아져서 무조건 엎드러서 큰절을 올렸습니다.

빛나신 얼굴 우뚝하시고 위엄과 신비가 비길 데 없는 세존을 뵙는 순간 두 사람은 잃어버렸던 어버이를 만난 듯하고 무량한 감개가 사무쳐서 눈물이 소나기처럼 쏟아졌습니다. 하늘과 땅은 순간 광명으로 온통 화이트홀이 되었고 무량한 대중은 무량한 감회로 충만했습니다.

"어서 오십시오. 사리불이여, 그리고 목건련이여. 오늘 그대들과 나와의 만남은 앎의 문제로 만난 것이 아닙니다. 나의 법은 몸과 마음을 벗어버리는 해탈의 문제입니다. 우리는 저 해탈로 가는 깨달음의 문제로 서로 만났습니다. 그러므로 두 사람은 앞으로 7년 동안 아무것도 묻지 마시고 조용히 침묵만을 지키면서 무조건 나를 따르시겠습니까?"

부처님의 질문에 주변에 모여 있던 온 대중들은 깜짝 놀랍니다. 왜냐하면 오늘 세존께서 대학자인 사리불과 대수학박사인 목건련과 서로 주고받는 고상한 법거량이라도 있을 줄로만 알고 모여 있었기 때문입니다.

그런데 사리불과 목건련이 즉답으로 "예. 그렇게 하겠습니다"라고 말하는 순간에 사리불과 목건련의 두발과 수염은 저절로 깨끗이 깎여지면서 두 사람의 몸에는 가사와 장삼이 저절로 입혀지고 걸쳐졌습니다.

이 같은 이적과 기적을 목격한 온 대중들은 놀라움을 금치 못했습니다. 동시에 모두들 땅에 엎드려서 큰절을 수없이 올렸습니다.

동중정動中靜의 의밀義密을 본 사리불

우리는 동중정動中靜과 정중동靜中動인 의밀義密을 꼭 알아야 합니다.

그래야만 경행經行이 무엇인가를 알게 됩니다. 경행經行은 내가 걸어서 어디로 갈 때는 주변의 환경이 나를 통하여 흘러간다고 생각을 하고, 바람이 불어오면 바람이 나를 통하여 흘러간다고 생각을 하고, 그리고 저 무한한 허공을 지날 때도 저 허공이 나를 통하여 지나간다고 생각을 하고, 어디든 머물러 앉아 있을 때에는 온 우주와 저 산하대지가 온통 내 안에 다 머물고 있다고 생각을 해야 합니다.

마치 밝고 맑은 명경 속에는 일체 만물이 다 들어오고 가지만 명경 속에는 아무런 자취가 없듯이, 나의 조그마한 눈 안에는 온 천하가 다 들어오지만 실로 내 눈 안에는 아무것도 없듯이 말입니다.

이렇게 사유思惟함을 경행經行이라 합니다.

어느 때 세존께서는 많은 제자들을 데리고 함께 설산으로 가시고 계셨습니다. 산으로 가는 길을 따라 걷고 계셨습니다. 걸어가시면서 많은 법문을 하셨습니다.

사리불도 세존의 등 뒤를 따라서 걷고 있었습니다.

그런데 세존의 동정은 일체가 지묘한 적정 삼매인 열반이었습니다. 물론 소과를 얻은 아라한들도 세존의 일체의 행동거지가 모두 선정에 든 듯한 고요함을 봅니다.

그런데 항차 묘각을 성취하신 부처님의 지극한 고요의 분위기를 어떻게 보고 읽겠습니까?

세존께서 거동을 하시는 일체의 행동거지는 모두가 적정

묘각의 진삼매입니다. 진묘각의 삼매 중에 머물고 계시면서도 행위를 하시는 진묘각 삼매의 신밀身密입니다.

세존의 이 같은 신밀을 일반 소과들이 어떻게 알고 보겠습니까? 얕은 중생의 소견으로 보면 세존은 남들처럼 그냥 걷고만 계십니다. 남다른 천안天眼으로 보면 세존의 행동거지는 모두 우주와 같이 고요할 뿐입니다.

실로 저 우주와 같다면 저 허공이 어디를 가고 어디로 오겠습니까? 세존의 일체의 동정은 꼭 이와 같습니다.

지금 세존께서는 분명히 많은 말씀도 하시면서 먼 길을 걷고 계십니다. 그런데 세존의 동정은 일체가 오감이 없이 보입니다.

세존의 청정 미묘한 묘각의 몸(법신) 안에서 온갖 것이 왔다 갔다 하는 것처럼 할 뿐입니다.

실로 세존의 몸은 어떠한 동요도 있을 수가 없는 허공신이었습니다.

그러므로 하시는 말씀의 소리도 행하시는 동정도 맑은 하늘에 흘러가는 구름처럼 보였습니다.

그러므로 저 무변 허공계까지도 다 세존이 품고 있는 적멸보궁입니다. 저 적멸보궁과 같은 세존의 몸은 하나의 밝은 명경입니다. 명경 속과 같은 세존의 몸은 분명 진공의 묘각입니다. 그 진공 묘각의 거울 속에는 일체가 다 오고 갈 뿐 거기에는 무엇 하나 걸림도 막힘도 자취도 없습니다.

그러므로 세존이 대지를 밟고 걸어가심이 아니라 저 대지가 세존의 몸을 통하여 흘러만 가고 있습니다.

저 히말라야 산으로 걷고 계시지만 저 히말라야 산이 세존을 통하여 흘러갈 뿐입니다.

저 높은 하늘과 흘러가는 바람도 밟고 서 계신 산천 계곡도 모두가 세존의 몸을 통하여 머물다 지나가고만 있습니다. 그러므로 세존의 법신을 묘각의 거울 여래장如來藏이라 하나 봅니다. 묘각의 거울 여래장에는 일체가 오갈 뿐 조금도 세존의 법신은 요동이 없음을 사리불은 분명히 보았습니다.

지금 세존의 법신인 여래장 속에는 제불의 세계도 무량한 중생 세계도 다 들고 나옵니다. 하지만 묘각의 거울 여래장은 언제나 티 하나 없는 청정무구한 적멸보궁입니다.

밝고 맑은 명경 속과 같은 적멸보궁에 무슨 세계와 중생계가 실로 어디에 붙어 있겠습니까?

지금 세존께서는 분명히 말씀을 하시며 땅을 밟고 걷고 계십니다. 하지만 세존은 말하고 걷고 서 계심이 아니라 저 말 소리와 우주와 세계가 지금 세존의 청정한 몸을 통하여 모두 흘러만 가고 있을 뿐입니다. 거울에 비추어지는 만상처럼 말입니다.

세존의 청정 미묘한 법신은 행위를 하되 행함이 없고 행하지 않되 일체를 행하는 여래의 신밀을 보았습니다.

비유하면 저 밝고 맑은 명경의 성품이 어디를 가고 어디로 오겠습니까? 그러므로 오갈 곳 없이 항상 그대로 머물러 계시는 세존의 법신을 여래장如來藏이라 하나 봅니다.

지금 세존의 법신 여래장如來藏에는 신밀身密과 어밀語密이 모두 동중정動中靜이고 정중동靜中動이란 불가사한 여래如來 의밀義密을 사리불은 보았습니다. 보고 깨닫는 순간 감탄의 말을 했습니다.

"아, 세존은 참으로 침묵하시나이다."

이렇게 참으로 놀라운 탄사歎辭를 사리불이 세존께 올립니다. 세존의 등 뒤에서 묵묵히 따르던 사리불은 뜻밖에도 참으로 이상한 감탄의 말씀을 세존께 올렸습니다.

이때 세존은 뒤돌아보시며 찬탄하셨습니다.

"아, 이제 네가 나를 보았구나."

지금 세존은 많은 대중들과 함께 걷고 계셨습니다. 그리고 또 많은 말씀도 하시면서 걷고만 계셨습니다. 이렇게 세존은 일체 행위를 빠짐없이 하고 계셨습니다.

이런 분위기 속에서 뒤따르던 사리불의 놀라운 감탄사를 들으신 세존은 찬탄하시기를 "아! 사리자여! 이제 네가 나를 잘 보았구나."

세존 또한 감격하신 나머지 놀라워하시면서 "이제 네가 나를 보았구나. 내 자식 사리자舍利子여"라고 하셨습니다.

이때부터 평소에 부르던 사리불舍利弗을 자子자를 덧붙여서 사리자舍利子라고 부르시게 되었습니다.

사리자舍利子란?

우리말로는 '내 자식아' 곧 불자佛子란 뜻입니다.

부처님의 제자들 중에서 아들 자子가 붙은 제자는 세 분이 계십니다. 앞으로 얘기를 할 정중동靜中動을 본 수보리자와 여래장에 삼밀을 헌신하는 부루나미다라니자입니다.

이 세 분은 세존이 성취하신 묘각妙覺의 여래장如來藏 적멸보궁寂滅寶宮에서 춤추는 여래의 보신寶身인 신밀身密을 본 가섭 외에 여래의 법신法身을 본 의밀義密에서 동중정動中靜

166

을 본 사리자와 정중동靜中動을 본 수보리자입니다. 그리고 신밀身密과 의밀義密과 어밀語密을 여래장에 모두 다 버리는 헌신의 길을 선택한 순교자 부루나미다라니자입니다.

이때에 세존께서는 보다 수승한 차원으로 가는 격조 높은 말씀을 사리자에게 하셨습니다.

"사리자여, 그리고 보니 그대와 내가 약속한 그 칠 년이 다 되었구나. 이제 너와 내가 주고받을 대화의 시간이 열렸구나."

이때로부터 세존은 사리불을 상대로 해서 장장 21년간을 대반야경大般若經 600부를 설하시게 되었던 것입니다.

정중동靜中動의 의밀義密의 수보리

수보리는 지순한 신밀身密의 가섭 존자와는 달리 어찌나 성격이 청렴하고 품행이 깔끔하시었든지 음식은 꼭 귀족집만을 골라 다니며 걸식을 하셨다고 합니다.

반대로 가섭은 거지가 사는 빈촌으로 다니며 걸식을 하셨습니다. 이 두 사람의 편식 경향을 아신 부처님은 이 두 제자를 불러서 편식 행위를 나무라셨다고 합니다.

"그대들은 이것이라 저것이라 하는 둘이 없는 불이不二의 각성을 깨달은 아라한이다. 그런데 어찌 아직도 분별심을 버리지 못했는가?"

반야경 육백 부 말미에서 세존과 수보리가 주고받는 금강경金剛經 설법이 나옵니다.

수보리도 사리불처럼 참으로 이상한 질문에서 금강경이 설해지고 있습니다.

금강경 서품을 잘 읽어 보시면 금강경이 어떻게 해서 설해지고 있는가 하는 그 연역이 잘 기록되어 있습니다.

모든 경전이 대체로 사구시어四句詩語로 되어 있습니다. 그 서품을 보면,

세존께서 제자들과 함께 직접 손수 밥을 빌어다 대중과 함께 다 잡수시고 나서 손과 발을 씻고 적당한 위치에다가 자리를 펴시고 편안히 말없이 앉아 계셨습니다.

실로 세존의 행주좌와는 일체가 적멸보궁입니다. 적멸보궁은 사랑과 자유와 평화와 행복이 가득하기 때문에 세존이 무엇을 어떻게 하시든 무심히 세존을 곁에서 보고만 있어도 자연히 평온한 지락의 행복이 가득해집니다.

이때 수보리가 침묵을 지키고 편안히 앉아 계시는 부처

님을 향해서 질문을 합니다.

"세존이시여, 세존은 지금 조용히 앉아 계십니다. 부동하고 앉아 계시면서도 지금 시방의 모든 보살들에게 두루 법을 전해 주시고 또한 일체중생들을 빠짐없이 모두를 보살펴 주시고 계십니다."

이렇게 수보리가 말씀을 올리자 세존은 뜻밖에 여래의 삼밀三密 중에서 정중동의 의밀義密을 본 수보리의 혜안에 감탄을 하십니다.

"그렇다. 수보리자여, 그대의 말과 같노라. 모든 제불여래는 부동하고 앉아 있는 삼매 중에서도 일체의 보살들을 잘 인도해 주시고 일체중생들을 빠짐없이 다 잘 보호해 주고 계시느니라. 수보리자여, 네가 나를 잘 보았구나."

이때 비로소 수보리를 수보리자라고 부르셨습니다.

제불은 고요히 앉아 계시는 침묵 가운데서도 불가사의한 불사를 짓습니다. 일반 중생들처럼 몸으로 꼭 행하심이 아니라도 무량한 불사를 짓습니다. 이를 여래如來의 의밀義密이라 합니다.

여래의 삼밀 중에서 정중동靜中動의 의밀義密을 본 수보리를 수보리자라 하시며 세존은 극찬을 하셨습니다.

또 수보리자는 세존께 이렇게 묻습니다.

"세존이시여, 어떻게 하면 부처님처럼 가만히 앉아 계시면서도 시방세계에 두루한 일체 보살들에게 법을 전해 주시고 또한 일체중생들을 빠짐없이 두루 다 보살펴줄 수가 있겠나이까?"

"너희들이 세존처럼 깊은 선정 중에서도 모든 행위를 다 할 수가 있는 정중동靜中動의 불가사의한 의밀義密을 성취하려면 한없는 세월 동안 무량한 난행고행을 통해서 성취를 하는 거룩한 깨달음인 아누다라삼먁삼보리阿耨多羅三藐三菩提를 지원해야만 하느니라."

저 많은 경문에서 상투적으로 많이 쓰고 있는 이 아누다라삼먁삼보리阿耨多羅三藐三菩提라고 하는 말씀의 뜻을 우리말로 쉽게 풀면 '한없는 세월 동안 무량한 난행고행을 통해서 이루어지는 깨달음'이란 뜻이 됩니다.

수보리자가 또다시 세존께 물었습니다.

"어떻게 하면 무량한 난행고행을 지원해서 성불을 하는 마음(阿耨多羅三藐三菩提心)을 가질 수가 있겠나이까?"

세존은 네 가지 조건을 말씀하셨습니다.

"사상四相을 없애야 한다."

수보리자가 또 물었습니다.

"무엇이 사상四相입니까?"

부처님은 간명하게 사상四相에 대해서 '아상我相, 인상人相, 중생상衆生相, 수자상壽者相'이라고 말씀하셨습니다.

"첫째는 내라고 고집하는 아상我相을 없애야 하고, 두 번째로는 감정에 반응하는 자존심인 인상人相을 없애야 하고, 셋째는 남을 탓하는 타유 근성인 중생상衆生相을 없애야 하고, 넷째는 죽지 않으려고 하는 수자상壽者相을 없애야 한다"고 하셨습니다.

사상四相에도 종류가 있습니다. 중생의 사상과 성문 아라한의 사상과 보살의 사상이 있습니다. 세 종성의 사상은 서로 판이하게 다릅니다.

일체중생의 사상은 금방 알 수가 있습니다.

예를 하나 들어 보겠습니다.

누가 뾰족한 침이나 가시로 몸을 콱 찔러 보세요. 그러면 단박에 사상四相의 실상이 총천연색으로 드러납니다.

'아' 하는 경악의 소리는 바로 아상我相이고, 곧바로 아프다고 상을 찡그리는 감정의 표현은 인상人相입니다. 그리고 곧바로 남을 탓하는 왜 때려 하는 타유근성은 중생상衆生相

이고, 아파서 나 죽겠네 하고 호소를 하는 보상의식은 바로 수자상壽者相입니다.

성문聲聞의 사상은 중생의 사상과는 많이 다릅니다.

나를 깨달았다고 하는 오도悟道의 상相은 아상我相, 다시는 사람으로 태어나지 않는다고 생각함은 인상人相, 생로병사生老病死를 여의었으므로 다시는 중생으로 태어나지 않는다고 생각하는 중생상衆生相, 생사를 벗어나 이미 열반을 얻어서 생사가 없다고 생각하는 수자상壽者相입니다.

또한 보살의 사상四相이 있습니다.

묘각妙覺에 들었다고 생각하는 아상我相, 허공신인 법신을 이루었다는 인상人相, 중생을 다 구제를 한다는 중생상衆生相, 무여열반에 든다는 수자상壽者相입니다.

이것이 보살들의 사상입니다.

하지만 모든 부처님은 어떠한 상도 없습니다.

왜냐하면 모든 것을 다 회향했기 때문입니다. 심지어 깨달음까지도 일체중생을 위하여 다 회향을 했습니다. 만약 불타佛陀에게 굳이 무슨 상이 있다면 아무것도 없는 상, 곧 무상지상無相之相은 있습니다.

아무것도 없는 것까지도 없는, 없는 그것까지도 말끔히

다 소멸이 되었으므로 무여열반無餘涅槃을 얻었다고 합니다. 그 무엇도 없는 무상지상無相之相이 되었을 때 성취하는 열반을 무여열반이라 합니다.

아무것도 없는 무여열반에 들어가 있으므로 누가 열반을 구하면 그에게 열반을 주고, 누가 부처를 구하면 부처를 주고, 또 보살, 연각, 성문 등을 구하면 그 모두를 다 이루어 줍니다. 이렇게 심심미묘한 무상지상이 무여열반의 경계가 되고 있음을 알아야 부처님을 제대로 볼 수 있습니다.

또 수보리가 물었습니다.

"사상四相을 어떻게 하면 없어지게 할 수가 있겠나이까?"

"항복기심降伏其心이니라."

부처님은 이렇게 간명하게 밝히시었습니다.

"그 마음을 항복받으라."

절대로 일생보처보살이 되기 전에는 항복기심降伏其心을 '마음을 항복받으라'로 번역을 하거나 이해하면 참으로 곤란해집니다.

항복기심降伏其心이란?

기고만장하게 하늘 높은 줄도 모르고 설치는 자존심, 대교만심을 굴복시키라는 말씀이 절대로 아닙니다. 물론 시답잖은 망상은 항복을 받아야만 합니다.

그러나 사상四相은 아닙니다. 저 영리한 진돗개가 주인에게 충심으로 복종을 하듯이 '종과 같은 마음'을 가지라는 의미의 항복기심입니다.

항복기심은 다만 다음에 성불을 하실 일생보처 미륵보살과 같은 분들은 성불을 해야 하므로 지금 이 마음을 반드시 항복받아야 합니다. 물론 대보살 마하살들의 마음은 지금 우리들이 쓰고 있는 식심하고는 영 차원이 다릅니다. 차원이 다른 보살마하살의 마음摩陰입니다.

다만 일생보처보살들에게만은 저 항복기심을 전쟁역사관으로 만들어진 영웅 심리로 반드시 굴복을 시켜야 합니다. 그러므로 '마음을 항복받으라'로 해석해야 합니다. 마음을 항복받아야만 부처님에게만 있는 18불공법不共法 등 불가사의 대해탈의 경계로 들어가서 성불成佛을 하기 때문입니다.

하지만 일체중생과 성문, 벽지불과 일반 보살들에게 있어서는 항복기심의 뜻은 우리말로 '종과 같은 삶을 살라'로 꼭 기억해 두어야 합니다. 반드시 항복기심을 종과 같은 마음으로 일체중생에게 충성을 다하라는 뜻으로 바르게 알고

175

제대로 공부하세요. 기고만장한 교만심을 청소하는 제불의 최신형 청소기는 종과 같은 삶을 사는 항복기심입니다.

성불과가 아닌 벽지불들은 마음이 없으므로 말할 것도 없습니다. 그러므로 소과들은 성불을 못합니다.

보살들은 지금 쓰고 있는 이 마음을 가지고 세세생생 종과 같은 삶인 육바라밀을 닦고 있습니다. 위로 제불께 종과 같은 시봉을 해야 하고 밑으로는 일체중생들에게 종살이를 합니다. 세세생생을 해야 합니다.

헌신의 길, 무진 난행과 고행의 육바라밀을 한없는 세월 동안 다 하고 나서야 마침내 성불을 합니다.

그러므로 항복기심降伏其心은 '종과 같은 삶을 살라'입니다. 일체중생에게 종이 되는 길, 헌신의 길을 가라.

바로 이것이 아누다라삼먁삼보리를 닦는 불자들이 반드시 행해야 할 항복기심입니다. 바로 이 항복기심은 세존께서 사리불과 수보리 등 수승한 대아라한들에게 주신 큰 메시지입니다.

금강경金剛經에서 가장 어려운 대목이 바로 이 항복기심입니다. 우리가 마음을 가지고 마음을 어떻게 항복받겠다고 생각을 하는 그 자체가 가장 무서운 항마병降魔病입니다.

176

마음이 마음을 항복받겠다고 하는 착각은 마치 허공에 구름을 잡으려는 격이 되고 제눈을 스스로 보려는 격이 됩니다. 절대로 불가능합니다.

공연히 보살들의 무량심도 아닌 미친 마음을 가지고 제 스스로 항복을 받겠다고 온갖 고행으로 죄 없는 몸과 마음을 억압하고 탄압하면 아니 됩니다.

무슨 도통을 하겠다고 억지 춘향으로 자해행위하듯이 몸과 마음을 학대하게 되면 벼락같이 실성해 버리고 맙니다.

조심들 하세요. 지금 이 마음(心)을 가지고 남의 종부터 되세요. 남의 상전이나 스승이나 교주가 되려는 미친 식심을 돌려 제발 온 인류에게 종부터 되게 하세요.

그렇게 되는 날 저절로 사상四相은 온데 간데 없어집니다. 이것이 진정한 항복기심입니다.

석존께 수기를 받은 미륵보살 같은 분을 제외하고는 절대로 마음을 항복받을 수가 없습니다.

실제로 일체중생들은 마음이 없습니다. 지금 우리가 쓰고 있는 마음은 마음이 아닌 식심識心입니다.

참 마음은 굽어보고, 우러러보고, 남을 행복해 하고, 모든 것을 버리는 사무량심四無量心을 마음이라 합니다.

저 마왕으로 비유된 마음을 항복받는 항마상降魔相은 당생에 부처가 되실 분에게만 있을 수 있는 대축제입니다. 그러므로 성불의 필수조건이 마음을 항복받는 항마상降魔相입니다. 그래야만 십호가 구족한 부처가 되고 동시에 대보살에게도 없는 18불공법을 성취하게 됩니다.

저 많은 부처님들도 다 세세생생토록 진정한 항복기심降伏其心인 종살이를 하고 나서 성불하셨습니다.

부루나미다라니자의 의밀義密

석존의 제자들 중에서 불법 전파를 위해서 자신의 모든 것을 버리는 순교자의 길이 제불의 삼밀三密을 성취하는 대도임을 깨달은 존자는 부루나미다라니자입니다.

어느 때에 부루나 존자께서 세존께 한 가지 어려운 소청을 올렸습니다.

"세존이시여, 제가 저 인도의 북방에서 들끓고 있는 외도들을 불법으로 귀화시키고 돌아오겠습니다."

부루나의 바람을 들으신 세존은 한마디로 "안 된다"고 하셨습니다. 세존은 단호히 거절하셨습니다. 그러자 부루나는

"왜? 아니 된다고 하십니까?"

"네가 저 포악한 외도들의 소굴에 들어가서 나의 법을 펴다가 잘못 되면 저 맹신자들에게 심한 폭행을 당할 수도 있다. 그래서 나는 허락할 수가 없다."

그러자 부루나는 "세존이시여, 저들이 저를 죽이지 않는 것만으로도 저는 만족합니다"라고 고집을 부립니다.

세존은 또 이렇게 반문을 하십니다.

"만약에 저들의 너를 죽이면 어찌 하겠느냐?"

부루나는 미소를 지으며 말하였습니다.

"세존이시여, 누구나 이 세상에 나면 반드시 죽습니다. 이 한 몸이 부처님의 불법을 펴다가 저들에게 맞아서 죽기라도 한다면 이보다 더한 영광이 어디에 또 있겠습니까?"

이렇게 부루나 존자는 오히려 그러한 불행을 더더욱 반기며 영광으로 생각하는 장한 순교자의 모습을 보였습니다.

세존께서는 "오, 장하구나. 부루나미다라니자子여, 네가 어찌 그리도 갸륵한 뜻을 품고 있었단 말이냐? 부루나미다라니자여" 하시며, 자신의 신명을 버려서 불법을 펴겠다는 거룩한 순교자의 장한 정신을 부루나에게서 직접 보시고 극찬을 하셨다고 합니다.

이 날로부터 세존은 부루나 존자를 나의 아들이란 뜻에서 부루나미다라니라는 이름 끝에 자子자를 붙여서 항상 부루나미다라니자(佛子)라고 부르셨던 것입니다.

아, 보라. 저 신라 때 불법의 씨앗을 이 땅에 뿌렸던 백혈의 성자 그 사람이 어찌 다른 사람이겠습니까?

이차돈, 그는 신라 때 자신은 시공時空인 색즉시공色即是空 공즉시색空即是色을 싫어한 사람이라 해서 자신의 이름을 염촉厭觸이라고 불렀던 분입니다.

저 신라 때 이차돈은 다른 사람이 아니라 석존 재세 시에 세존 앞에서 순교자의 길을 하락 받은 부루나미다라니자 바로 그분이라고 필자는 굳게 믿습니다.

지금까지 신밀身密과 어밀語密과 의밀義密의 가피력을 여래로부터 직접 받아 가진 존자들에 대한 이야기를 했습니다.

세존의 상수제자 다섯 분이 여래 삼밀의 가피력을 받은 기록은 여러 불전설화집에 산재해 있습니다. 이를 필자가 새롭게 모아서 밝힌 이야기들입니다.

필자는 본래로 부처님을 칭양 찬탄을 하는 말씀에 관한 한 겁이 없는 사람입니다. 그러므로 여래 삼밀을 두려움 없이 새롭게 잘 정리해서 불법이 무엇인 줄도 모르게 되어버린 오늘날과 같은 말세의 불자들에게 들려주는 첨단 지혜의 이야기책입니다.

석존의 족하 광명상 이야기

  밀양 청도 운문사 비로자나불의 불상에 관한 이야기입니다. 운문사 비로자나불의 불상을 보시면 한쪽 다리를 단상 아래로 내려놓고 계십니다. 그 비로자나불 족하상의 깊은 의미를 밝히고자 합니다.

  석존 당시에 인도 열여섯 나라의 왕들이 수차 세존을 찾아뵈옵고 똑같은 한 가지 소망을 말씀드렸습니다.

  그 소망은 다름이 아니라 석존께서도 저 외도 술사들이 보여주는 신통을 단 한 번만이라도 보여 달라는 바람이었습니다.

  세존께서는 저 제왕들의 청원을 받을 때마다 똑같은 말

씀을 하셨습니다.

"모든 일은 다 때가 있습니다."

하시면서 언젠가 그 때가 오면 반드시 보여 주겠다고 왕들에게 약속을 하셨습니다.

세존이 왕들에게 약속을 하신 그날이 왔습니다.

석존께서 이적과 기적을 세상 사람들이 보는 앞에서 직접 보여 주신다는 소문은 금세 사방으로 퍼졌습니다. 소문이 사방으로 퍼지자 인도 제국의 왕들과 온 나라 백성들은 약속된 장소로 구름처럼 모여 들었습니다.

세존은 일단 대중들이 모인 자리에서 높은 칠보단상 위에 올라 결가부좌를 하시고 앉으셨습니다. 조용히 침묵을 하시면서 잠깐 장엄삼매에 드셨습니다.

그 삼매력으로 새록새록 꽃이 피듯 세존이 앉아 계시는 주변은 어마어마한 대광장으로 변했습니다.

흡사 오늘날 올림픽 광장과 같이 수천만 대중이 편히 다 앉을 수 있는 안락한 좌대와 즐겁게 다니며 구경도 할 수 있는 대자연 공원에는 모두가 편히 쉴 수가 있는 휴식공간도 신기하게 다 장엄이 되었습니다.

세존은 칠보로 된 연화좌에 앉아 계시면서 한 손으로 이빨을 청소하는 나뭇가지 하나를 입안에 넣으셨습니다. 그리고 그 이쑤시개를 직접 세존의 등 뒤로 살짝 던지셨습니다.

그 이쑤시개가 땅으로 곧게 떨어지는 순간에 시방세계가 육종으로 진동을 했습니다. 진동을 하면서 세상에 보도 듣도 못한 새롭고 새로운 세계로 개벽을 했습니다.

세존께서 손수 던지신 그 이쑤시개 하나는 곧바로 땅에 떨어지면서 지상에 꽂히는 순간 즉시에 우람차게 크고 높은 신기한 과일 나무로 변화했습니다.

수령 높은 큰 과일나무로 변화를 하면서 단박에 무수한 가지들이 사방으로 뻗어 나갔습니다.

쭉쭉 뻗은 가지들이 지상을 온통 다 뒤덮었습니다.

그리고 찰나 찰나에 뜨거운 태양의 빛을 가려주는 시원한 과일 나무 숲의 낙원으로 변했습니다.

이 신통한 광경을 보다 못한 군중들은 앉은 자리에서 모두 뛰어 나왔습니다.

뜻밖에 펼쳐지는 신생 낙원의 대자연 공원을 너무나 좋아라 하면서 이리저리 마냥 거닐었습니다.

이는 천궁에 있는 정원을 세존이 잠깐 빌려다가 지구촌 민중들에게 구경을 시켜 주는 낙원삼매의 진풍경입니다.

일체 대중들은 신기한 수목의 꽃과 잎들을 만져도 보고 만초만화의 향기에 심취도 해보면서 너무나 좋아라 했습니다. 세존의 입에서 나온 이쑤시개 조화로 부린 큰 나무 한 그루에는 천상의 과일들이 무진장으로 매어 달렸습니다. 이렇게 주렁주렁 매어 달린 잘 익은 과실들을 스스로 만져도 보고 입맛대로 배불리 따 먹기도 했습니다.

저 높은 하늘에서는 천상의 음악이 뭇 중생들의 고뇌를 쓸어내는 해탈의 묘음으로 흐르고 지상낙원에서는 중생들의 환희가 충만했습니다.

보라, 저 어떻게 형설키 어려운 지상낙원의 대향연의 축제는 석가세존께서 이 지구촌에 오셔서 인류에게 베풀어 주신 마지막 만찬이었습니다.

이 같은 기적과 이적은 실제 현실에서 몸으로 체험하는 그 이상의 쾌락입니다. 바로 이것이 묘각을 이루신 여래신밀의 불가사의 신통입니다.

석존께서 낙천장엄삼매로 천상의 낙원을 잠깐 인간 세상으로 빌려왔던 것입니다. 이런 진실과 사실을 실현화시킬 수 있는 대신통은 8지보살부터 가능합니다. 왜냐하면 그때부터 마음을 먹은 대로 되어지기 때문입니다. 그러나 저 외도들은 어림도 없고 상상도 못 합니다.

저 세상의 외도들이 보여 주는 오신통은 그 모두가 사람들을 잠깐 무의식 속으로 밀어 넣는 재주가 있습니다. 물론 다 최면술입니다.

그러나 세존께서 실제로 보여 주신 사실과 진실을 실현화시키는 대신통력은 세존의 무량한 복덕과 지혜로 일어나는 공덕력의 실현입니다. 그러므로 사람들은 스스로 만져도 보고 먹어도 보고 실제로 이리저리 뛰어 다니기도 하면서 즐겁게 놀기도 했던 것입니다.

바로 이것이 지구상에 왔다가 가신 일반 성자들의 신통 이야기하고는 판이하게 다른 점입니다. 그들은 모두 환술로 먹이고 즐겁게 합니다. 마치 필자가 수시로 스스로 사식思食을 하듯이 말입니다.

여러 나라의 왕들과 무량한 불자들에게 불가사의한 여래신밀如來身密의 대신통을 세존은 직접 잘 보여 주셨던 것입니다.

세존께서는 일체 대중에게 신기한 기적을 다 보여 주시고는 결가부좌를 하시고 앉으신 그대로 한쪽 다리를 펴시었습니다. 그리고 펴신 다리의 발을 칠보로 된 조그마한 단

상 위에다가 올려놓으셨습니다.

그 순간 부처님의 발바닥 천폭륜상으로부터 무량한 대광명이 일어났습니다. 그 무량한 광명이 시방의 제불세계를 두루 비추었습니다.

세존의 이와 같은 족하 광명상을 본 무량한 보살과 제자들은 대해탈로 들어가는 법운지法雲地를 얻었습니다.

그리고 16개국의 왕들과 일체 대중들은 세존의 족하 신통광명상을 본 인연의 공덕으로 모두가 깨달음으로 가는 보리심을 얻었습니다.

아, 보라. 저 청도 운문사 비로자나불의 족하상의 메시지가 무엇인가를 이제 아셨습니까?

바로 석가세존께서 직접 이 지구촌 중생들에게 실제로 보여 주셨던 불가사의한 여래신밀如來身密의 족하 대신통광명상이었음을 이제 아셨습니까?

몸과 마음을 아는 자

깨달음의 나무는 보리수입니다.

그 보리수 밑에 앉아서 세존은 깨달음을 성취하셨습니다. 그래서 부처님은 마음의 뿌리를 다 밝힐 수가 있었습니다. 우리가 쓰고 있는 마음의 뿌리 말입니다.

마음의 뿌리를 모르고는 아무것도 안다고 할 수 없습니다.

특히 깨달음으로 가는 참선 수행은 말할 것도 없습니다.

그래서 세존께서는 수능엄경에서 마음이 생기게 된 그 까닭부터 잘 밝혀 놓으셨습니다. 하지만 스님들도 수능엄경을 능엄마라 할 정도로 수능엄경은 참으로 어렵고 난해한 경전입니다.

그래서 필자는 이 수능엄경을 우리말로 쉽게 풀어 놓았습니다.

실제 경문에서 마음의 생원설을 찾기란 쉽지 않습니다.

수능엄경은 한마디로 말하면 불교 철리를 밝힌 과학서입니다. 이런 깨달음의 과학서를 가지고 사구시어四句詩語로 기록을 해 놓았으니 경문을 가지고는 쉽게 해독하기 참으로 어렵습니다. 실로 옛날 시어로 밝힌 경문은 번역도 어렵고 의역도 만만치 않습니다. 문장을 그대로 번역하자니 남이 못 알아듣기는 매 한가지이고 쉽게 의역意譯으로 해설을 하자니 이는 이미 깨친 사람들이나 할 수가 있는 일입니다.

그래서 경문이 의미하는 뜻을 유추해서 쉬운 우리말 이야기로 풀어 이해를 돕기로 했습니다.

물론 이 역시 부처님의 가피력이 없이는 언감생심입니다.

우리는 앞은 잘도 봅니다. 앞은 잘도 보면서 일체를 두루 다 깨닫고 다 아는 참 나, 묘각의 빛, 각성覺性은 전연 의식하지를 못합니다. 그러므로 각성覺性을 보는 눈(見性)부터 얻으시려고 스님들은 고생이 많습니다.

여기서 자성을 환히 드러내어 보여 주는 견성見性이란

견성見性자를 다시 새롭게 이해해야 합니다. 이 견성見性이란 견성見性자를 일반 속인들이 알고 있는 세상의 사물을 보는 볼 견성見性자로 생각하면 안 됩니다.

마음의 성품을 보라는 견성見性자입니다. 마치 밝은 대낮에는 사물이 환히 다 드러나 보이듯이 이렇게 우리의 몸과 마음을 환히 다 드러내 보일 현見자로 알아야 합니다. 그러므로 견성見性이란? 각성覺性의 밝은 성품을 견성見性이라 하고 있습니다.

잠깐 한문 얘기를 좀 해야겠습니다.

한문은 한 마리의 코끼리와 같다 해서 상형문자象形文字라 합니다. 그래서 한문은 동양 정신문화의 꽃입니다.

하지만 세계 여러 나라의 문자들은 음성공학音聲工學으로 만들어진 음성 글자들입니다.

그 대표적인 문자로 영문은 구강상형口腔象形 문자입니다. 입안에서 영문과 같은 형상을 지어야만이 발음이 제대로 됩니다. 그리고 저 서반아어나 인도의 산스크리트어는 72음계를 가지고 있습니다. 이를 성형문자聲形文字라 합니다. 모든 음서音書의 장점은 누구나 쉽게 쓸 수가 있어서 좋습니다. 그러나 한문은 한 글자의 뜻에 천문학이 있고 자연

과학이 있으며 깨달음이 있는 각성문자覺性文字입니다.

한자에는 본다는 개념으로 쓰는 글자만 하더라도 십여 개가 됩니다. 그중에 몇 개만 소개를 해보겠습니다.

무심히 볼 시示자

주시해 볼 시視자

드러날 현見자

자세히 볼 간看자

각성의 눈으로 볼 관觀자 등이 있습니다.

그러므로 견성見性이란 법어는 심신을 환히 다 드러내어 보이는 각성의 빛으로 알면 됩니다.

세존께서 수능엄경에서 이 견성見性품을 구체적으로 잘 밝혔습니다. 필자가 해설을 쉽게 해놓은 수능엄경 견성見性품을 꼭 읽어 두세요.

밝고 맑은 거울의 성품 같은 것을 견성見性이라 합니다.

그런데 참으로 답답한 인류의 큰 재앙은 전쟁도 아니고 무서운 암병도 아닙니다. 사람은 어째서 나 자신을 환히 다 보고 다 깨닫고 다 아는 각성覺性의 성품인 견성見性에는 관심이 없을까요?

나 자신의 몸과 마음까지도 숨김없이 다 들추어 보여 주는 견성見性을 왜 찾지 않을까요?

바로 이 문제가 온 인류의 큰 재앙입니다. 이 같은 온 인류의 큰 재앙의 책임은 종교에 있습니다.

종교가 저마다 다 갖고 있는 자성을 볼 수 있는 견성見性을 찾도록 일깨우기는커녕 어디에도 존재하지도 않는 신神을 찾고 그 신神에 의탁하게 했기 때문입니다. 종교는 본래 온 인류로 하여금 스스로 자기 자신들의 몸과 마음을 들여다보게 하는 데 그 목적이 있습니다. 물론 일반 교육의 목적도 그렇습니다. 그런데 종교와 학교는 지금까지 무슨 짓을 해 왔습니까?

진정한 종교는 자기 자신의 몸과 마음을 항상 드러내 보여 주는 각성의 빛 견성見性을 보라는 데 있습니다.

몸과 마음을 보는 지혜를 배우고 그 지혜를 온 인류에게 귀띔해 주는 가르침이 종교입니다.

그런데 이런 재변이 어디에 또 있습니까?

불행히도 인류의 가슴으로 가는 지혜를 귀띔해 주어야 할 종교는 밖에서 신만을 찾도록 세월없이 세뇌를 시켜 왔습니다. 정말로 그것이 진정한 종교인가요?

잠깐 종교宗教란 종宗자나 좀 알고 넘어갑시다.

종宗자의 두부에 있는 글자는 갓을 쓴 선비의 머리를 상징한 갓머리, 면宀자 밑에다가 무심히 본다는 뜻의 볼 시示자를 넣었습니다.

바로 이 글자가 종교宗教라고 하는 근본 종宗자입니다.

그렇다면 파자 풀이로 본 종宗자의 뜻은 식심분별을 일삼는 머릿속을 무심히 들여다보라는 의미의 글자가 됩니다.

뿐만이 아니라 도道자도 자신의 머릿속으로 들어가라는 글자입니다.

실로 그런가 봅시다. 도道자를 파자로 풀어 보면 서서히 걸어갈 착辶자 변에 머리 수首자를 쓰고 있습니다.

특히 서서히 걸을 착辶자를 뛰어넘을 착으로도 읽습니다. 역시 도道는 머리를 굴리는 식심을 초월하는 길을 말합니다.

그래서 뛰어넘을 착辶자변에 머리 수首자를 쓰고 있습니다.

또 맹신의 글자 귀신 신神자를 한번 살펴봅시다. 볼 시示자 옆에, 천상천하로 다 통할 납 신申자를 쓰고 있습니다. 그렇다면 천상천하를 두루 보살피고 있는 자가 신神이란 뜻이 됩니다. 그렇다면 신神이란 신神자도 천상천하를 두루 보살피는 자란 뜻입니다.

일체를 보살피는 자가 신神이라면 나 자신을 두루 보살피는 각성覺性이 아니고 무엇이겠습니까? 실제로 우리들의 정신精神을 제외하고 무슨 신神이 있다고들 생각하십니까?

우리들 안에 환히 깨어 있는 밝은 각성覺性을 고래로 신神이라 했습니다. 한번 실험을 해 보세요. 눈을 한번 꼭 감아 보세요. 엄연히 존재했던 세상이 온 데도 간 데도 없습니다.

눈을 떠 보세요. 온 세상이 환히 보입니다.

그런데 무슨 신神이 밖에 있습니까? 그러므로 예수님께서도 십자가를 가슴에다가 그리시고는 그 십자가의 중심에다가 점을 치셨습니다.

어찌 이뿐이시겠습니까? 예수님이 제자들에게 항상 하신 말씀이 있습니다.

"깨어 있으라"입니다.

'깨어 있으라'고 하신 예수님의 말씀 속에 숨어 있는 신神은 나 자신의 각성覺性입니다. 제발 자신 안에 깨어 있는 각성覺性을 찾으세요. 그가 바로 전지전능하신 우리의 주 신神입니다.

나를 다 깨닫고 다 아는 자는 바로 묘각妙覺의 빛 각성覺性입니다.

그러므로 우리들 마음의 고향은 묘각妙覺입니다.

마음의 고향을 가르쳐 주신 분은 석가세존밖에는 없습니다. 그래서 세존은 몸과 마음을 주시하는 지혜를 관자재보살이라 했습니다. 보살菩薩이란 보살피다의 준말입니다.

그러므로 불자들은 자신의 몸과 마음을 항상 주시하는 자 관자재보살을 스스로 친견해야만 합니다.

몸과 마음을 주시할 때는 몸과 마음을 손바닥을 뒤집듯 하는 반야般若의 지혜智慧가 있어야 합니다.

반야般若의 지혜란?

몸과 마음을 돌이켜봄은 반야般若고요,

돌이켜보는 의식행위, 즉 지적 행위가 곧 지혜智慧입니다.

깨닫고 아는 자가 각성

몸과 마음을 환히 다 아는 자가 곧 각성覺性입니다.

눈으로 보고 깨닫고 아는 자가 각성覺性입니다.

또 듣고 깨닫고 아는 자도 각성입니다.

또 냄새를 다 맡고 다 깨닫고 아는 자도 각성입니다.

또 맛을 보고 깨닫고 아는 자도 각성입니다.

또 몸에 닿는 모든 촉감을 아는 자도 각성입니다.

또 스스로 의식하고 아는 자도 각성입니다.

이렇게 다 깨닫고 다 아는 자가 바로 각성覺性입니다.

각성은 근본 묘각의 빛입니다. 이 각성을 깨닫지 못하는
까닭은 간단합니다. 묘각의 빛이나 태양의 빛은 한번 밖으

로 발광을 하고 나면 계속 앞으로만 직진을 합니다. 그 빛이 뒤돌아서서 자신이 나온 곳으로 돌이켜 비추지를 못합니다.

이러한 빛의 속성 때문에 우리는 묘각의 빛 각성을 깨닫지 못합니다. 저 태양의 빛처럼 그 빛이 뒤돌아서 태양을 돌이켜 보지를 못하는 이치와 똑같습니다.

그래서 우리는 자신의 눈이 눈을 보지 못하고 마음이 마음을 깨닫지 못합니다. 단 각성이 밝은 어린이를 제외하고 말입니다. 항상 자기를 보기 때문입니다.

견성見性은 휴대폰

묘각妙覺의 빛 각성覺性의 여명으로 생긴 마음은 마치 태양의 빛으로 생긴 황홀한 저녁노을과 같습니다.

불가사의한 각성의 그림자가 마음이기 때문에 각성의 허물인 그림자 마음 역시 그 허물이 불가사의합니다.

우리는 불가사의한 이 마음으로 허망한 온갖 고뇌를 다 받고 삽니다. 그래서 석존은 애시당초부터 마음을 깨끗이 소멸시켜 버리는 명상의 지혜를 가르쳐 왔습니다.

여타의 성자들은 마음을 잠재우는 자장가만 불러왔습니다. 그 자장가는 모든 종교의 찬송가입니다.

지금 이 맹랑한 마음을 소멸시키자면 먼저 내 몸과 마음의 속성부터 잘 알아야 합니다. 그 마음의 속성을 쉽게 깨칠 수 있는 장난감이 있습니다. 그 장난감은 너나없이 손에 들고 잠시도 못 떠나는 휴대폰입니다.

저 휴대폰은 만상을 동영상으로 다 보여 줍니다.

이와 마찬가지의 기능을 가진 각성의 휴대폰이 있습니다.

묘각의 빛으로 충전이 잘 되어 있는 각성의 휴대폰에는 마음의 마술사가 피워 놓은 온갖 망상들이 총천연색으로 잘도 보입니다. 저 묘각으로 만들어진 최첨단 각성의 휴대폰의 이름을 세존은 견성見性이라 하셨습니다.

잠깐 절로 들어가 봅시다.

모든 사찰의 큰법당 기둥에 매어 달린 주련을 보면 묘각妙覺의 빛 각성覺性의 그림자가 마음이 되어지고 있음을 귀띔해 주는 은유묘사의 시어가 많이도 붙어 있습니다.

'천강유수 천강월千江流水 千江月'이라고 말입니다.

묘각에 비유된 공중에 높이 뜬 달은 하나이지만 천 강에는 천 개의 달이 하나씩 강물 따라 각각 흐른다는 뜻입니다.

분명히 묘각妙覺은 하나입니다. 하늘의 달처럼 하나입니다. 하지만 천 개의 강에 비유된 일체중생에게도 각각 하나의 묘각의 달이 다 들어 있다는 뜻을 밝힌 은유묘사의 시어

詩語가 천강유수千江流水 천강월千江月입니다.

그러나 저 강물에 비친 달은 어디까지나 참 달은 아닙니다. 다만 참 달의 그림자일 뿐입니다. 바로 이것이 천강유수 천강월千江流水 千江月의 참 뜻입니다. 지금 우리가 쓰고 있는 마음은 참 달의 그림자란 뜻입니다. 우리의 몸과 마음은 묘각의 그림자로 생긴 환상이지 참 묘각은 아니란 뜻입니다.

이와 같은 의미를 천강유수 천강월千江流水 千江月이라 했습니다.

그래서 지금 우리가 쓰고 있는 이 마음摩陰을 가지고 묘각妙覺의 부처로 알면 아니 됩니다.

다만 묘각의 빛의 여명으로 생긴 마음에는 각성의 빛이 스며 있다고 해서 듣기 좋은 말로 불성이 있다고 했습니다. 좀더 구체적인 표현으로는 마음은 묘각妙覺의 큰 그늘로 생긴 그림자라는 뜻으로 클 마摩자에 그늘 음陰자를 써서 마음摩陰이라 했습니다.

세존께서는 중생들로 하여금 마음의 고향인 본 묘각妙覺의 빛 각성覺性으로 돌려보내려고 무진 애를 다 쓰셨습니다.

그래서 몸과 마음을 보는 견성見性부터 깨닫게 하시려고

온갖 방편을 다 설해 놓으셨습니다.

묘각妙覺의 빛 각성覺性의 성품으로 일체가 다 환히 드러나 보이고 압니다. 바로 그 환히 드러나 보이게 하고 다 아는 각성의 성품을 보는 지견을 견성見性이라 했습니다.

그러므로 견성見性의 보는 성품을 보는 지혜를 반야般若라 합니다. 앞만을 보는 중생들의 소견을 돌이켜서 보는 성품을 보게 하는 반조회관의 지혜를 반야라 합니다.

그래서 반대로 보는 반야를 통해서 각성覺性을 보는 견성見性이 됩니다. 각성覺性의 빛을 보는 견성見性이 없이는 생을 두고 각성의 그림자 마음을 굴리는 수행을 합니다. 그러니 어떻게 본 묘각의 빛 각성으로 돌아갈 수가 있겠습니까?

쉬운 비유로 견성見性을 어림하게 하겠습니다.

저 각성의 성품인 견성見性은 흡사 오늘날 휴대폰과 같습니다. 휴대폰의 화면을 견성으로 생각하면 됩니다.

충전은 묘각의 각성입니다. 각성이 충전된 휴대폰에서 드러나는 밝은 화면은 바로 견성見性입니다.

각성覺性의 휴대폰에 밝은 화면이 뜨면 온갖 영상물이 환히 다 보이듯 이 각성覺性의 휴대폰에도 우리의 몸과 마음과 이 신심으로 보고 느끼는 온갖 번뇌 망상의 쓰레기들이 환히 다 드러나 보입니다.

　그래서 깨달음으로 가는 수행자들은 우선적으로 이렇게 몸과 마음을 반야의 지혜 각성의 성품(見性)이 되어 있어야만 합니다.

　그렇게 되면 몸과 마음의 가지고는 씨름을 아니합니다.

　견성見性은 자신의 몸과 마음을 안팎을 환히 다 지켜보는 지혜의 눈이기 때문입니다. 지켜만 보면 몸과 마음의 쓰레기들이 꼼짝을 못합니다.

명묘明妙한 원각圓覺

세존께서는 묘각妙覺은 밝음이 묘(明妙)하고 각성覺性은 묘하게 밝(妙明)다고 하셨습니다. 우선 묘각妙覺은 무엇이고 각성覺性은 무엇일까요?

묘각妙覺은 태양이고 그 태양의 빛은 각성覺性입니다.

그래서 일체 중생과 일체 만물의 근본은 묘각이고 일체의 그 성품은 모두가 각성입니다.

그 묘각의 빛 각성의 실제 현상은 무엇일까요?

그것은 지금의 나의 몸과 마음과 일체를 두루 다 깨닫고 아는 자 원각圓覺입니다.

그 까닭은 묘각妙覺의 빛 각성覺性은 저 무변 허공계와 시방세계를 두루 다 머금고 있기 때문이며, 이것을 곧 원각圓覺이라 합니다.

그래서 저 묘각妙覺의 각성覺性을 두루 깨닫고 아는 자라해서 한마디로 원각圓覺이라 했습니다.

그런데 두루 원圓자에도 문제가 좀 있습니다.

두루 원圓자를 둥글 원圓자로 보면 의미가 애매해집니다. 둥글다는 뜻의 글자는 고리 환環자가 따로 있습니다. 그래서 불경에서 쓰고 있는 원圓자를 동그란 뜻의 둥글 원圓자로 해석을 하면 곤란해집니다.

불자들이 부르는 찬불가 가사를 들어보면 '두루 밝은 빛'이라고 풀어야 할 뜻을 '둥글고 밝은 빛'이라고 하는 가사나, 원각圓覺을 '둥근 각'이라 번역을 한 대문은 뜻도 어색하지만 어감도 영 싱겁습니다.

그러면 지금부터 묘각妙覺은 명묘明妙하고 각성覺性은 묘명妙明하다고 한 그 뜻을 실제로 평소에 우리가 느끼는 경험을 미루어 보면서 확인해 봅시다.

묘각妙覺이 명묘明妙하다 함은 알고 모르고 알지도 모르지도 않는 것까지를 온통 두루 다 깨닫고 앎을 묘각妙覺이라 하고요, 그리고 일체가 다 묘하게 밝게 드러나 보임을 명묘明妙하다고 했습니다.

그러면 '묘각妙覺'에서 묘妙자의 뜻은 과연 무엇일까요?

특히 불교에서 많이도 쓰고 있는 묘妙자의 의미는 무엇일까요?

지금부터 정신을 바짝 차리시고 잘 들어야 합니다.

만약 우리들이 평소에 체험하는 지혜가 아니고 유식한 상식으로 묘妙자의 뜻을 이해하려고 들면 꼭 조선조 때 율곡 선생과 같은 우를 범하게 됩니다.

조선의 천재라 하는 율곡 선생이 금강산 장안사에서 수능엄경을 보다가 각성의 성리를 밝히는 '시시비비是是非非' 대목에서 그만 일반 식심의 늪에 빠졌습니다.

그것도 그럴 것입니다.

있으면 있다, 없으면 없다, 아니면 아니다, 그것이면 그것이고 저것이면 저것이지 또 무엇을 그것도 저것도 아니요 아닌 것도 아니다라고 하는 극단부정의 긍정사이랴. 이 대목에서 그만 아연 실색을 하셨습니다.

실제로 나에게 있는 마음을 가지고 안에 있느냐? 밖에 있느냐? 중간에 있느냐? 이 삼처에서 마음을 찾으려고 하면 부득이 긍정과 부정을 엎었다 젖혔다 해야 합니다. 실로 긍정도 부정도 할 수가 없기 때문입니다.

본 묘각의 각성은 본래로 인연도 자연도 화합도 아닌 상주불멸의 성품임을 밝히는 과정에서 세존은 심한 극단부정을 서슴없이 하셨습니다. 이 대문의 문장을 보다가 율곡 선생은 너무나 놀랐던 모양입니다.

그만 깊이 생각도 아니 해 보고는 선조에게 올린 글에서 석씨는 시시비비를 일삼는 망언의 교주라고 심하게 개탄을 한 기록이 있습니다.

만약에 율곡 선생이 오늘날 우주 물리학에서 애용하는 특수 상대성원리를 듣고 보았다면 또 무슨 망언을 할까 걱정도 됩니다.

독자 여러분들도 조심들 하세요. 저 유명한 율곡 선생도 혼이 난 대문입니다.

시시비비是是非非로 현란하게 장엄을 한 묘妙자의 철리를 풀어 보겠습니다.

물론 마음을 만든 본 성품 각성覺性을 찾아가는 비유입니다.

지금 우리의 마음이 내 몸 안에 있느냐? 몸 밖에 있느냐? 아니면 안과 밖의 그 중간에 있느냐? 했을 때 실로 마음은 안에도, 밖에도, 그 중간에도 없습니다. 마음의 본성이 되고 있는 본 묘각妙覺의 각성覺性은 무변 허공계에 두루 가득히 충만해 있기 때문입니다. 충만해 있으면서 중생들의 생각대로 근기대로 이리저리 대답을 해 줄 뿐입니다.

진리의 속성인 이것도 모르고 자꾸 내라는 마음이 내 몸에 있다고 하는 어리석은 저 중생들의 무지를 깨어 부수는 의미유추의 논리학이 시시비비是是非非입니다.

여기서 잠깐 시是자와 비非자를 설명해야 합니다.

왜냐하면 일반상식으로 이것이다 하는 시是자나 아니다 하는 비非자가 아니기 때문입니다.

여기서 시是자는 부정의 긍정사이고 비非자는 긍정의 부정사입니다. 그러므로 시시是是라 했을 때에는 '절대 부정의 긍정사'가 되고 비비非非라 했을 때에는 '극단 긍정의 부정사'가 됩니다. 이는 어디까지나 불가사의한 묘각의 각성을 찾아가는 논리학입니다.

잠깐 각성을 찾는 우리의 어리석음을 극명하게 비유한 우화 한 토막을 들고 넘어 갑시다.

저 바다에 살고 있는 고기가 세상 사람들에게 묻기를 "여보소, 바다가 어디에 있소?" 하고 물었습니다. 그러니 현명한 사람이 그 고기에게 대답하기를 "보고도 모르는 바보야, 그대는 바다 속에 살고 있다. 바다 속에 살고 있으면서 그 바다를 어디서 어떻게 찾으려고 하느냐? 바다는 이미 그대를 두루 싸고 있다. 바다를 보려면 눈부터 크게 확 뜨거라" 하였습니다.

꼭 이와 같은 신세가 지금 여기 가지산 얘기의 내용입니다.

세존은 우리에게 눈부터 크게 뜨게 해주시려고 무진 애를 쓰셨습니다. 묘각妙覺의 각성覺性은 허공계를 두루 싸고 있습니다. 그런데 어디에 가서 어떻게 본성을 찾겠습니까?

지금 나의 마음속에 깔려 있는 각성을 보게 해 주시려고 하시는 과정에서 심하게 긍정과 부정을 거듭하게 되었습니다. 왜 부정을 거듭하셔야 했던가 하면, 일체의 중생 고뇌가 다 마음에 있기 때문입니다.

저 마음은 묘각의 빛 각성의 그림자입니다. 그림자는 잡을 도리가 없습니다. 그런데 중생들은 허구의식으로 그 마음을 신주처럼 모시고 꼭 잡고 있습니다. 환상의 마음 이것을 참 내라 하면서 무진장 고집을 피우고 있습니다.

바로 이 고집으로 말미암아 온갖 고뇌를 다 받고 삽니다.

그러므로 쓸데없는 고집만 소멸을 시키게 되면 자연히 일체의 고뇌가 있을 수가 없게 됩니다.

그래서 세존께서는 그 무식한 고집을 파괴시키는 과정에서 긍정과 부정을 깨어 부수는 심한 부정사를 썼습니다. 저 잔머리 굴리며 잘먹고 사는 식자들의 소지장벽을 깨어부수는 한 방편이었습니다.

저 의미유추의 논리학은 참으로 어렵고 난해합니다.

세존께서 제자들과 주고받는 문답의 과정에서도 큰 제자들까지도 시시비비是是非非 담방구질을 했습니다. 혼란스러운 긍정과 부정이 중복되면서 마침내 극단 부정을 밟고 대긍정을 하십니다. 이렇게 대긍정에서 일어난 묘각妙覺의 각성覺性을 묘妙라 하셨습니다.

지금부터 의미유추의 논리학인 비유로 그 묘妙자가 진술하는 말씀을 들어 봅시다. 물론 각성의 그림자 마음을 깨어부수는 연금술 이야기입니다.

지금 당장 손뼉을 쳐 보세요. 그러면 단박에 소리가 납니다. 그러면 그 소리는 과연 어느 쪽에서 나왔을까요?

답부터 드리면 그 정답은 묘妙입니다. 어째서 묘妙냐?

이쪽이다 저쪽이다 중간이다 하고 그 세 곳을 일단 긍정하게 되면 억지를 쓰는 국집이 되고 맙니다.

어째서 그러냐 하면 이쪽 저쪽 손바닥과 그 중간에서 소리가 실제로 나왔다고 고집을 하게 되면 지금 당장도 양 손바닥과 그 중간에서 스스로 소리가 들려야 합니다.

그런데 그대가 손뼉을 치지 않으면 절대로 소리가 나지 않습니다. 그러니 삼처를 어디든 긍정하게 되면 단박에 억지의 국집에 떨어지고 맙니다.

또 만약에 저 세 곳을 아니라고 부정을 하게 되면 이 또한 허망이 됩니다. 왜냐하면 분명히 양 손뼉을 침으로 해서 소리가 났기 때문에 그 세 곳을 아니라고 고집을 하면 허망이 됩니다.

인연 화합으로 일어난 소리가 있기 때문입니다.

그래서 아니라 하면 허망이 됩니다.

그러면 이 세 곳을 긍정도 부정도 아니 하게 되면 결국 저 세 곳을 부정한 긍정이 됩니다. 이 뜻의 글자가 비非자입니다. 왜 부정의 긍정을 하느냐 하면 소리란 특성상 본래로 이쪽 저쪽과 중간이라 하는 공간학하고는 아무런 상관도 없기 때문입니다. 어쨌든 여섯 번을 부정한 꼴이 됩니다.

또 그러면 그 소리의 본 성품은 어디에 있느냐 했을 때

여섯 번을 부정한 6부정을 다시 부정해야만 합니다. 왜냐하면 어디에 있고 없고의 문제가 아니기 때문입니다. 흡사 허공이 어디 있느냐와 같은 우문이 되기 때문입니다. 그래서 부득불 6부정을 부정한 아홉 번째로 절대 부정을 해야 합니다. 그래야만 본 묘각의 각성이 본래로 시방 법계에 꽉 차 있다는 직설이 되기 때문입니다.

이렇게 아홉 번째로 절대부정은 어디까지나 본성의 주거 문제의 답입니다. 그러나 저 묘각의 각성이 어떻게 운용이 되고 있느냐 하는 근본적인 문제가 또 남게 됩니다.

그러므로 저 시시비비是是非非를 밟고 올라온 무주無住 실상을 최종적으로 극단 부정한 부정을 대긍정하게 됩니다. 대긍정을 하게 되면 열 번째로 묘법妙法이라 하는 여시如是가 됩니다. 여시如是는 곧 묘각여래妙覺如來를 말합니다.

이때에 비로소 인연 화합으로 생긴 세간법과 인연 초월의 출세간법이 하나로 원융하게 됩니다.

그러므로 묘妙자의 뜻은 일체의 인연법을 떠나서 항상 그대로 존재하고 있는 상주불멸의 묘각妙覺의 연화좌가 곧 묘妙자가 되고 있습니다.

다시 정리를 하면, 저 [9]절대부정의 [10]절대부정의 긍정사는 여시如是입니다. 여시如是란 곧 '그것이 그것이요 곧 그것도 저것도 아니요 곧 아닌 것도 아니다'라고 하는 대부정의 대긍정사 묘각여래妙覺如來가 됩니다.

그러므로 [9]아홉 번째 극단 부정을, [10]열 번째로 대긍정이 일어나는 성리를 묘법妙法이라 합니다.

그래서 묘妙자의 뜻은 일체중생의 무명無明인 블랙홀이 저 빛나는 화이트홀로 돌아간다는 의미의 성리를 밝히는 묘법연화경妙法蓮華經의 묘妙자가 됩니다.

그러면 잠깐 여기서 묘妙자를 파자로 풀어 봅시다.

묘妙자는 블랙홀 여女변에 불꽃이 우로 휘감고 돈다는 의미의 젊을 소少자를 쓰고 있습니다.

보라, 저 열 번째 십묘+妙는 십여시+如是가 되고 그 십묘+妙는 곧 여래如來의 십호+號가 됩니다. 여래십호를 갖추게 되면 일체종지一切種智와 만덕만선을 두루 갖추신 묘각여래妙覺如來가 됩니다.

묘각여래가 되고 나면 저 일체중생들이 어떻게 생각을 하고 어떻게 하느냐에 따라서 손뼉을 치면 소리가 나는 것처럼 만 가지 소리에 응할 뿐 저 묘각의 각성이 실로 어디로부터 오거나 어디로 간다는 것은 있을 수가 없게 됩니다.

그러므로 저 열 번째로 극단 부정의 대긍정사를 여래如來라 하고 그 여래묘각如來妙覺의 무량의無量義를 묘법妙法이라 합니다.

이렇게 [9]절대부정의 [10]절대긍정이 일어나게 되면 인연 화합으로 생기는 세간법과 인연 초월로 일어나는 출세간법과 그리고 [9]절대부정의 [10]절대긍정으로 일어난 여래묘각의 최상승법이 삼위일체로 원융해집니다.

신라 때 의상 대사는 필자가 지금까지 묘妙자의 성리를 밝힌 이야기를 간명하게 이렇게 법성게에서 밝히고 있습니다.

구세십세호상즉九世十世互相卽 잉불잡란격별성仍不雜亂隔別成

구세는 세간법이고 십세는 출세간법입니다.

이 두 법성의 성리는 서로 다르지만 마침내 절대긍정의 최상승법에서 삼위일체로 원융해진다는 의미의 시어詩語입니다. 그러므로 저 묘妙는 묘각여래妙覺如來가 머물고 계시는 주소를 밝히는 묘리妙理에서 빌려온 묘妙자가 되고 있습니다.

묘각妙覺의 각성覺性을 찾아서

자, 그러면 지금부터 묘妙한 지혜를 한번 굴려 봅시다. 우리들 마음속에 묘妙한 각성覺性이 실제로 어떻게 있는가를 찾아봅시다.

지금 당장 자신을 전체로 은밀히 다 깨닫고 다 아는 각성을 확인해 보세요. 생각으로 더듬거려 보세요.

깨닫고 아는 각성은 밝고 어둡고, 밝지도 어둡지도 않은 것까지를 두루 다 깨닫게 해 줍니다.

이를 묘각妙覺의 빛 각성覺性이라 합니다.

또 각성覺性은 몸과 마음에 반연이 되는 일체를 다 드러내어 보여줍니다. 또 묘각妙覺의 각성覺性은 모든 것을 알고 모르고, 아는 것도 모르는 것도 아닌 것까지도 두루 다 드러내어 깨닫게 해 줍니다.

지금 우리가 쓰고 있는 마음은 각성의 그림자입니다.

그림자는 밝은 빛으로 생깁니다. 그처럼 밝은 각성의 화면에는 마음의 쓰레기 사념망상의 그림자들까지도 환하게 다 드러나 보입니다.

흡사 휴대폰의 화면에 밝은 빛으로 온갖 영상물이 다 나타나는 이치와 각성의 화면에 반연된 정신세계의 현상은 똑같은 이치로 일어납니다.

지금부터 몇 가지 예를 들어 보겠습니다.

지금 수천 종의 불빛이 번쩍이는 카페에 들어갔다고 생각해 보세요. 그런데 보는 눈은 분명히 둘입니다.

그런데 어떻게 수천 종의 불빛을 동시에 한눈에 다 감지를 하나요? 논리적으로는 빨간 불빛을 볼 때는 파란 불빛이나 다른 모든 색깔의 불빛은 못 보아야 합니다.

하지만 그대 묘각의 각성에 반연된 시각은 일시에 수천 종의 불빛을 다 감지하고 두루 다 봅니다.

그것은 본디 묘각妙覺의 빛 각성覺性은 묘하게 두루 다 밝기 때문입니다.

지금 또 오페라 광장에서는 수천 종의 악기들의 소리가 요란하게 들립니다. 이것을 분명 두 귀로 다 듣고 있습니다.

　그런데 어떻게 두 귀로 수천 종의 악기 소리를 동시에 다 듣나요? 참으로 묘하지 않나요?

　또 향수를 파는 향수 가게를 들렀다고 생각해 보세요. 그때 향수 백화점에서 동시에 풍기는 온갖 향기의 냄새를 한 개의 코로 일시에 다 냄새를 맡고 다 기억을 합니다.

　왜일까요?

　묘각의 빛 각성覺性은 본래로 무변 허공계를 두루 다 비추고 있기 때문입니다.

　또 맛보는 혀로 가 봅시다.

　수천 종의 맛이 혀에 닿으면 동시에 온갖 맛을 다 압니다. 논리적으로는 짠맛을 볼 때는 쓴맛이나 단맛은 몰라야 합니다. 하지만 그대의 맛보는 미각의 각성覺性은 무변 허공계를 두루 다 머금고 있습니다. 그렇기 때문에 찰나에 일체를 다 깨닫고 다 압니다.

　또 몸으로 느끼는 촉감으로 가 봅시다.

　그대가 머리에는 물동이를 이고 양팔에는 무거운 양동이

를 들고 한쪽 발은 찬물에 담그고 또 한쪽 발은 더운 물에 담갔습니다. 그리고 등에는 벌레가 기어가고 얼굴에는 온갖 부스럼이 나서 염증으로 스멀스멀합니다.

이를 일시에 두루 다 느끼고 다 깨닫습니다.

이는 그대 묘각妙覺의 빛 각성覺性이 무변 허공계를 두루 다 비추고 있기 때문입니다.

또 낯선 사람을 만나면 누군가 하고 아득해지고, 친지를 만나면 반갑습니다. 그리고 술이나 마약을 먹으면 의식이 몽롱해집니다. 이렇게 어지러운 정신 현상을 찰나에 다 깨닫고 압니다. 이는 묘각妙覺의 빛 각성覺性이 내 몸과 마음을 두루 다 비추고 있기 때문입니다.

그러므로 묘각妙覺의 빛 각성覺性은 무변 허공계를 다 머금고 있는 동시에 일체중생의 식심을 다 비추고 있습니다. 마치 충전이 되어 있는 휴대폰처럼 말입니다.

충전이 된 휴대폰의 화면에는 온갖 영상물이 다 나타나듯이 말입니다. 꼭 이와 같은 이치로 사람에게도 묘각의 빛 각성이 가득 충전되어 있습니다. 충전된 각성의 화면에는 나 자신의 몸과 마음까지도 다 환히 드러나 보입니다. 심지어 망상 번뇌의 생태까지도 빠짐없이 두루 다 드러내어 보여 줍니다.

마치 저 세상의 휴대폰에는 온갖 영상물이 자세히 보이듯이 일체중생들도 다 가지고 있는 각성의 휴대폰에는 자신의 몸과 마음에 숨어 있는 비밀까지도 다 들추어서 환히 비추어 줍니다.

감각작용을 아는 자를 찾아서

　지금 당장 두 손가락으로 살갗을 꼭 집어 보세요. 그러면 살결이 단박에 아플 것입니다. 다시 반대로 꼬집고 있는 손가락을 떼어 보세요. 그러면 아픈 감각이 금방 사라질 것입니다. 이렇게 살갗을 꼬집었다 놓았다를 반복해 보세요. 그러면 아픈 감각이 왔다 갔다 할 것입니다. 분명히 느낌의 감각이 왔다 갔다 했습니다.

　다시 말하면 손을 댔다 떼었다 함에 따라서 감각이 왔다 갔다 했습니다. 하지만 그대의 몸과 마음을 환하게 느끼고 깨닫고 다 아는 묘각妙覺의 각성覺性은 조금도 왕래가 없음을 금방 느낄 수 있을 것입니다.

또 다시 눈을 감았다 떴다 해 보세요. 그러면 앞이 밝았다가 어두웠다 할 것입니다. 밝았다 어두웠다 하는 명암을 느끼는 보는 시각은 왔다 갔다 합니다. 하지만 이를 두루 다 깨닫고 아는 그대의 본 묘각의 각성에야 무슨 왕래가 있는가? 봄을 깨닫고 아는 시각視覺의 각성覺性은 조금도 움직임이 없습니다. 항상 그대로 두루 보살피고 있음을 느낄 것입니다.

또 귀로 가 봅시다. 귀도 매양 한가지입니다. 귀를 막으나 떼나 함에 따라서 밖의 소리가 들렸다 안 들렸다 할 뿐 항상 듣는 각성覺性에야 무슨 이변이 있습니까?

또 혀도 늘 한가지입니다. 혀끝에 맛이 닿으면 맛을 알고 맛이 닿지 않으면 그냥 담담합니다. 혀끝에 무엇이 닿고 안 닿고에 따라서 미각이 왔다 갔다 했을 뿐 그 미각을 깨닫고 아는 그대의 각성覺性에야 무슨 이변이 있습니까?

또 몸의 촉감으로 가 봅시다. 몸에 무엇이 닿고 아무것도 닿지를 않음에 따라서 감각이 왔다 갔다 할 뿐 이를 깨닫고 아는 각성覺性은 항상 그대로 머물고 있음을 금방 느낄 수가 있을 것입니다.

또 코로 가 봅시다. 코도 냄새가 있고 없음에 따라서 향기를 맡는 후각이 왔다 갔다 했을 뿐 일체를 두루 깨닫고 아는 그대 각성覺性은 항상 그대로 요지부동하고 있음을 금방 느낄 수 있을 것입니다.

또 생각하는 의식계로 들어가 봅시다. 의식이 있으면 온갖 생각이 일어나고 의식이 없으면 온갖 생각이 없어집니다. 이렇게 의식이 있다 없다 하는 것을 두루 깨닫고 아는 그대의 각성은 항상 그대로입니다.

누구나 깨닫고 아는 각성은 항상 그대로임을 금방 느낄 수 있을 것입니다. 설사 잠깐 깜박 졸았다 손치더라도 맑은 각성이 돌아오면 "아 내가 잠깐 졸았나봐" 하듯이 말입니다. 이렇게 두루 다 깨닫고 두루 다 아는 묘각의 빛, 각성은 설사 죽었다 깨어나든 기절을 했다가 깨어나든 맑은 각성만 돌아오면 그 순간에 잃어버렸던 무의식을 다 깨닫고 압니다.

이렇게 지묘한 묘각의 각성은 비롯함이 없는 때로부터 영원한 미래제가 다하도록 항상 그대로 깨어 있을 뿐 조금도 변함이 없습니다. 이를 신라 때 의상 대사는 묘각의 부동성을 법성게法性偈에서 이렇게 간단히 밝혔습니다.

'구래부동久來不動 명위불名爲佛'

  예부터 영원한 미래에까지 항상 움직임이 없는 이것을
이름하여 부처라 한다고 말입니다.

12연기법緣起法 이야기

　어떻게 해서 움직이는 행위行爲가 일어났을까요?

　마음의 영감 가운데는 온溫한 양성陽性의 의식意識과 냉冷한 음성陰性의 무의식無意識이 있습니다. 그 중간에 온도 냉도 아닌 잠재의식潛在意識이 있습니다. 이 잠재의식이 양면성을 가진 음양을 간접 작용을 했습니다. 이로 말미암아 음성과 양성은 서로 밀고 서로 당기게 되는 행위行爲가 일어났습니다. 이 행위가 바로 만법을 짓는 행行이란 업력業力이 되었습니다.

　이 행위의 업력으로 일체가 생生, 주住, 이異, 멸滅을 하면서 끝없는 윤회가 시작이 되었습니다. 그러므로 저 시방세계를 창조한 창조주는 마음으로 빚어진 행위인 업력業力입니다.

곧 이 업력이 밖으로는 우주물리가 되었고, 영감으로는 일체 중생들의 생명활동과 윤회의 원동력이 되었습니다.

12연기의 인연법을 보면 무명無明인 마음에서 행行이 일어났습니다. 마음에서 일어난 행위行爲가 곧 12연기의 시원입니다.

그 까닭은 마음의 영감靈鑑인 의식意識과 무의식無意識은 같은 성질은 밀어내고 다른 성질을 끌어서 당기는 속성에서 비롯되었습니다.

이와 같은 마음의 세 가지 영감의 행위로 12인연관계가 일어났습니다. 이 연기론에서는 무명無明에서 행行이 일어났다고 밝히고 있습니다. 무명은 곧 마음입니다.

마음을 왜 무명이라 하는가?

마음은 밝고 어두운 의식과 무의식으로 양면성을 가지고 있기 때문입니다.

또 이 행行으로부터 깨닫고 아는 식識이 일어났습니다. 식識이 일어난 이치는 저 무변 허공계를 두루 다 머금고 있는 묘각의 각성이 의식과 무의식이 서로 밀고 당기는 영감의 행위로 인해서 일어나는데, 이렇게 묘각妙覺의 각성覺性을 자극함으로써 일어난 각성의 불꽃이 곧 식識입니다.

식識은 곧 깨닫고 아는 식심識心입니다.

이와 같은 연기관계를 경문에서는 무명無明에서 행行이 나오고 행行에서 식識이 나왔다고 기록하고 있습니다.

다시 말하면 마음이 각성覺性을 자극함으로써 일어난 영감의 불꽃이 곧 식識이란 뜻입니다.

이 식識은 마음 가운데 있는 진여식眞如識입니다. 저 마음 가운데는 묘각의 각성을 그대로 닮고 있는 진여식장眞如識藏이 있습니다. 바로 이 진여식장眞如識藏 가운데서 일어난 식識으로 인해서 공간과 시간을 농축시킨 색즉시공色卽是空 공즉시색空卽是色입니다. 다시 말하면 시공에서 명색名色이 생겼습니다.

명색名色에서 명名은 곧 공간空間이고, 색色은 곧 시간時間입니다.

왜 명색이라 하는가?

그것은 허공 가운데서 시간을 찾을 수 없고 시간 속에서도 허공을 찾을 수 없기 때문에 명색名色이라 이름 했습니다.

이 명색名色에서 육입六入이 생겼다 합니다. 육입六入은

곧 여섯 개의 기관입니다. 이 육근의 기관으로 시공時空인 호흡과 감성이 들쑥날쑥합니다.

이 육입六入이 생기면서 무엇을 느끼려는 촉觸이 생겼습니다. 이 촉觸이 생김으로 해서 촉감觸感을 받아들이는 느낌의 수受가 생겼습니다. 느끼려는 수음受陰이 생김으로 해서 이를 즐기는 애愛가 생기고, 애가 생김으로 해서 애착愛着을 하는 취取가 생기고, 애착하는 취욕取欲이 생김으로 해서 애물인 유有가 생기고, 욕정의 유有가 생김으로 종성種姓의 생명이 생겨나게(生) 되었습니다. 이렇게 종성種姓의 생명生命이 태어남으로 해서 늙고, 병들고, 죽는 노老·병病·사死가 있게 되었습니다.

이 12연기법의 연대 고리를 깊이 들여다보면 처음에 남녀가 만나서 자식을 생산하는 전 과정의 생태와 똑같습니다.

이 12연기법은 삼세제불이 깨친 묘법이라고 합니다. 오직 부처님들만이 아시는 묘법입니다.

대각大覺을 하신 부처님이 아니시고는 생로병사生老病死의 근본 뿌리가 되는 저 무명無明을 알 수가 없습니다. 또 무명無明에서 행行이 일어난 정황을 전연 알 수가 없습니다.

그러므로 생로병사를 벗어나는 길을 대각 세존이 아니고

는 그 누구도 알 수가 없습니다. 생로병사를 벗어나자면 12 연기법의 시원이 되는 근본 무명無明이란 마음을 우선적으로 소멸시켜야만 합니다. 부처님의 교시대로 만약 마음을 증발시키는 관심법을 쓰지 않고 공연히 식심을 굴리는 요상한 수행을 하다가는 다 실패합니다.

이러한 문제점 때문에 필자는 마음의 생원설부터 애써 밝혀 왔습니다. 마음의 생태학을 까맣게 모르고는 수행을 바로 하기가 쉽지 않습니다. 다른 방편으로 설령 무엇을 깨달았다 해도 모두 마음의 속성에서 벗어나지를 못했습니다. 그 큰 원인은 근본 무명인 마음을 소멸시키는 관심법을 쓰지 않았기 때문입니다.

그래서 근본 무명인 마음을 소멸시키는 관심법을 써야 합니다. 그렇지 않고 무명인 마음을 굴리는 수행을 한다면 다 틀렸습니다.

근본 무명無明인 마음을 주시하라는 반야심경의 지혜를 꼭 따라야 합니다. 그렇지 않고 몸이나 마음을 굴리는 수행을 한다면 심성心性만을 본 오도송悟道頌은 나옵니다. 하지만 여래묘각如來妙覺의 각성覺性을 깨닫는다는 것은 불가능합니다. 묘각의 각성이 아닌 마음을 가지고 도를 닦았기 때문입니다.

마음摩陰을 무명無明이라 합니다. 그 까닭은 무의식無意識은 밝음이 없으므로 무無이고 의식意識은 밝으니 명明입니다. 그러므로 무의식과 의식을 한마디로 무명無明이라고 했습니다. 그러면 어째서 무명無明에서 행위行爲가 나왔는가?

하는 그 행위行爲의 실마리만 잘 알고 있어도 번뇌 망상을 일삼는 마음을 가지고 참선을 하거나 마음에서 일어나는 번뇌 망상하고는 절대로 시시비비를 아니 합니다.

자, 보세요. 마음의 속성은 세 가지입니다.

의식意識은 따뜻한 온溫이고, 무의식無意識은 싸늘한 냉冷입니다.

이 사이에서 잠재의식潛在意識이 의식意識과 무의식無意識을 자극해 주는 바람에 서로 밀고 서로 당기는 행위로 말미암아 번뇌 망상은 끝도 한도 없이 일어나고 있습니다. 이러한 번뇌 망상의 속성을 전연 모르고 망상을 단속하려고 들면 멀쩡한 사람이 도리어 미쳐 버립니다.

이렇게 무시로 일어나는 무진장한 번뇌 망상을 소멸시키기는커녕 설치는 망상을 잠깐 잠도 재우지 못합니다.

그것도 저 대양大洋의 파도같이 일어나는 번뇌 망상을 말입니다. 이같이 가슴을 품고 자장가를 불러도 잠이 들까 말까한 번뇌 망상을 폭력성 투쟁의 악지식을 가지고 어떻게 부수어 버린단 말입니까?

꼭 알아야 합니다. 마음은 절대 삼세제불의 말씀도 안 듣습니다. 만약 제불의 말씀을 고분고분 잘 듣는 그런 성질의 마음이라면 이미 구원겁 전에 삼세제불이 우리를 다 성불케 하셨을 것입니다.

그러므로 수행자는 절대로 마음을 상대로 다투지 마세요. 부처님도 못 이기는 마음을 그대와 내가 무슨 재주로 승복을 시킨단 말씀입니까?

그러므로 그대가 참으로 지혜롭다면 하루 속히 부처님 말씀 앞으로 달려오십시오. 부처님의 가르침은 참으로 쉽습니다. 누구나 다 갖고 있는 번뇌 망상을 있는 그대로 저 강 건너 불구경을 하듯이 멀리서 무관심하게 지켜만 보는 반야바라밀다의 지혜를 익히십시오.

저 대양에 파도같이 밀려오는 번뇌 망상들을 무관심하게 지켜보고만 있으면 바로 이 반야심경般若心經에서 말하는 관자재보살觀自在菩薩이 됩니다. 관자재觀自在란 각성覺性의 눈으로 두루 다 주시한다는 뜻입니다. 보살菩薩이란 우리말로는 '보살피다'의 준말입니다.

항상 자신의 몸과 마음을 초롱초롱한 각성의 눈으로 보살펴만 주세요. 그러면 어느 날 조건 없는 행복이 그대의 가슴에서 일어날 것입니다. 저 건너 불구경을 하듯이 주시만 하면 말입니다.

제발 마음을 객관화하라는 부처님의 말씀을 믿으세요. 예부터 참선하는 선종에는 몹쓸 악지식들의 괴변이 무성합니다. 그러므로 제발 부처님의 참선법으로 돌아오세요.

부처님의 참선법은 때와 장소를 가리지 않습니다. 참선하는 선방이니 무슨 명당이니 하는 헛소리 좀 접어들 두시고요. 항상 자신의 몸과 마음을 주시만 하세요.

부처님의 선법은 곧 삼관법三觀法입니다. 그 관법觀法의 방편은 세 가지가 있습니다.

첫째는 텅빈 공으로 보라는 공관空觀

둘째는 일체를 환상으로 보라는 환관幻觀

셋째는 고요한 적정을 주시하는 적관寂觀입니다.

이 세 가지 관법觀法을 삼매三昧라 합니다. 이 삼매三昧를 잘 닦으면 부처님의 나라로 곧바로 갑니다.

참선의 요령은 일단 결가부좌나 의좌에 앉거나 스스로

가장 편안한 자세를 취하세요.

　첫째 정신 '차렷'

　둘째 긴장 '쉬어'

　셋째 일체 신념 '해산'입니다.

고요히 하고만 있으라. 그러면 밝은 깨달음을 얻고

몸과 마음을 굴리고 설치면 본 묘각의 밝음을 잃는다.

靜乃自得　動卽失位

정내자득　동즉실위

안녕

2014년 11월 5일

부산 설원에서 천명일 씀

가지산加持山 이야기

초판 1쇄 발행   2015년 2월 16일

지은이 | 천명일

펴낸이 | 이의성
펴낸곳 | 지혜의나무
등록번호 | 제1-2492호
주소 | 서울시 종로구 관훈동 198-16 남도빌딩 3층
전화 | (02)730-2211   팩스 | (02)730-2210

ISBN 979-11-85062-09-9 03220